한국교회
사랑

문인현 지음

크리스챤서적

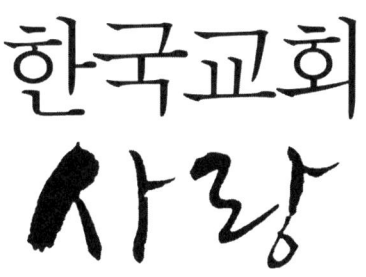

한국교회 사랑

● 건강한 한국 교회를 위한 예배 회복과 바른 신학 세우기 ●

추천의 글

홍정길 남서울은혜교회 목사

내 친구 문인현 목사는 진실한 목회자입니다. 그는 크고 화려한 목회를 한 적이 없고 시원치 않은 눌변이긴 하지만(고후 10:10) 사람들의 마음에 깊은 감동을 주는 목회를 해 왔습니다. 감동이 있는 목회를 할 수 있었던 것은 언어를 뛰어넘는 그의 진실성이 뒷받침되었기에 가능했다 생각합니다.

함께했던 학창시절, 신과에서 가장 어린 나이로 신학교를 마치고 목사가 되었기 때문에 늘 막내라 여겼는데, 어느덧 그 시절 함께했던 우리 모두 은퇴를 앞두고 지난날을 정리할 때가 되었습니다.

문인현 목사는 먼저 이 책을 통해 그가 평생 섬겨 온 한국 교회의 문제를 직시했습니다. 많은 사람들이 교회의 잘못에 대해 비판의 칼날을 세우고 있고, 많은 목회자들 역시 교회의 추잡함 때문에 회의를 느낀다는 요즘입니다. 그러나 문인현 목사는 주의 몸된 교회를 사랑하며 다시 일으켜 세우려는 소망을 버리지 않았음을 이 책을 통해 보여 주고 있습니다.

한국 교회의 물량주의와 세습 문제, 그리고 단군신화에 관한 문제 등 교회의 부조리함과 잘못됨을 하나하나 직시하며 그것을 가슴으로 아파하고 있지만 한국 교회의 희망을 노래하며 앞으로 나아가야 할 길을 모색하는 것 또한 잊지 않았습니다.

  그리고 자신이 목회자의 길을 걸어오며 가장 큰 영향을 미친 사람들에 관한 이야기가 들어 있습니다. 아버님과 교수님들, 선배 목회자와 동역자들을 한 사람 한 사람 마음으로 기리면서 그들의 이야기를 펼쳐 놓았습니다. 또 삶을 살아가며 겪었던 감동적인 이야기들과 그가 받은 귀한 축복을 더해 이 책을 엮었습니다.

  요즘은 자극적인 표현을 글 속에 많이 집어넣는 것이 유행처럼 여겨지지만 진실이야말로 그 어떤 표현보다 더 귀한 것임을 이 책은 보여 줍니다. 또한 많은 가능성을 이 책에서 우리에게 보여 줍니다. 먼저 많은 목회자들에게 자신과 같은 사람이 있음을 보여 주며 그들의 마음에 동지의식과 위로를 줄 것입니다. 그리고 누구나 자신의 삶을 정리해 이와 같이 담백한 글을 쓸 수 있다는 자신감을 줄 것입니다.

  평범함의 아름다움에 관해 에이브러햄 링컨은 이렇게 말했습니다. "하나님이 가장 좋아하는 색은 푸른색이고, 가장 사랑하는 사람은 평범한 사람들입니다. 왜냐하면 누구나 자신이 좋아하는 것을 많이 만드는 법인데 하나님은 세상을 온통 푸르게 만드셨고, 평범한

추천의 글

사람들도 많이 만드셨기 때문입니다."

 이 말에 꼭 맞는 사람이 바로 문인현 목사입니다. 평범한 시대를 사는 평범한 그리스도인들에게 이 책이 귀한 삶의 길잡이가 될 줄로 믿습니다.

한국 교회 사랑

민영진 기독교대한감리회 목사, 전 대한성서공회 총무

문인현 목사는 다정다감한 사람입니다. 이전에는 동무들 사이에서는 귀염기까지 했을 것입니다. 유머와 애교도 있습니다. 세상을 보는 시각은 긍정적입니다. 이번에 출간된 그의 글 《한국 교회 사랑》을 보면서 그의 믿음과 생각과 실천과 인품이 그렇게 형성될 수밖에 없었던 까닭을 알게 되었습니다. 그는 태어날 때부터 사랑을 듬뿍 받고 자랐습니다. 문재구 목사님과 마일례 사모님 사이에서 막내로 태어난 갓난아이 문인현은 엄마의 젖이 부족해서 누나의 젖을 먹고 자란 행운아였습니다. 넉넉하게 받은 사랑 때문에, 성장한 그는 교회를, 목회를, 교인을, 부모를, 스승을, 친구를 너그러운 마음으로 사랑하고 있습니다. 한국 교회에서 희망을 보는 그의 믿음과 소망과 사랑이 부럽습니다.

좀 오래 전이긴 하지만 우리와 같은 또래의 장로 부부 송년 모임에 우연히 참석한 일이 있습니다. 당시 우리는 50대 후반이었습니다. 어느 가정집에서 모였으니 다섯 커플 안팎이었을 것 같습니다. 한 커플이 불쑥 한다는 말이 한평생 다닌 교회를 금년으로 마감하고 새해부터는 교회를 떠나겠다는 선언이었습니다. 옆에서 이 말을 듣고 있던 다른 장로 부부가 자기들도 교회를 떠날 생각을 하고 있었

추천의 글

지만 결단을 못하고 있었는데 탈출 대열에 동참하겠다고 합니다. 10년 전의 일입니다. 아직도 그들은 자기들이 미워하는 그 교회를 탈출하지 못하고 여전히 섬기고 있습니다. 그러나 나는 교회 중진들이 체험한 교회에 대한 절망을 그때 그들에게서 볼 수 있었습니다.

윌리엄 블레이크의 시 〈나는 황금 예배당을 보았다〉가 떠올랐습니다. "나는 황금 예배당을 보았다/ 아무나 함부로 들어갈 수 없나 보다/ 사람들은 그냥 바깥에서/ 울고, 탄식하며, 예배드린다// 닫힌 예배당 문 흰 기둥 사이에/ 구렁이 한 마리 기어오르더니/ 있는 힘 다해/ 황금 돌쩌귀를 깨뜨린다// 반짝이는 진주와 루비가 박힌/ 예배당 바닥을 기어서/ 구렁이는 끈적이는 전신을 이끌고/ 마침내 흰 보자기 덮인 제단에 이르러// 빵과 포도주 위에/ 독을 토한다/ 나는 돼지우리로 가서/ 돼지들 사이에 내 몸을 누였다."

반기독교 세력이나 안티 기독교 사이트가 올리는 기독교에 대한 비난은 사실 무서울 것이 전혀 없습니다. 얼마든지 답변할 수 있고 신학 논객들을 불러 파죽지세로 격파할 수 있는 호교護敎 신학이 있기 때문입니다. 문제는 우리 기독교가 안팎으로 많은 사람들에게 신뢰를 잃어 가고 있다는 것입니다. 부패한 기독교가 자정 능력을 상실했다는 것입니다. 교회를 떠나는 대열은 더 길어지고 참여자 수도 많아질 것입니다. 그런데도 문인현 목사는 희망을 가지고 있습니다. 아니, 병든 교회를 사랑하고 있습니다. 그리고 보기에 안타까울 만큼 처방을 하고 있습니다. 제1부 "내 사랑 한국 교회"는 교회를 향한 문인현의 아가雅歌입니다.

교회가 병들었어도 사랑할 수밖에 없는 것은 그를 사랑하고 그가 존경하는 사람들이 교회를 위해 헌신한 그 믿음을 그대로 물려받았거나 함께 나누었기 때문입니다. 자기를 목회자의 길로 인도한 아버지 문재구 목사, 종교개혁 정신을 가르쳐 준 차남진 교수, 목회의 모범을 보여 준 자형姉兄 김홍래 목사, 성경 사랑과 신학에 대한 확신을 일깨워 준 박형룡朴亨龍 교수, 박윤선 교수, 평생 신학 친구이자 신학원 동기인 박형용 총장, 동역자 황정심 전도사, 이들에게서 주님의 종으로 양육받으면서 배운 것이 "성도의 어머니인 교회"(칼빈)를 사랑하는 것이고, 절망적인 상황에서도 희망을 가지게 되는 믿음입니다. 이는 제2부 "자랑스러운 종들의 이야기"입니다.

제3부 "주의 사랑받은 종들"은 고인들을 추모追慕하는 글들을 모은 것입니다. 추모 설교와 추모 시가 주종을 이룹니다. 추천자로서

추천의 글

저는 문인현 목사의 저서 《한국 교회 사랑》에서 이 부분을 특별히 감명 깊게 읽었습니다. 특히 추모 시들은 마치 레퀴엠을 듣는 것 같았습니다. "잊혀지지 않는 자는 죽은 것이 아니다"(사무엘 버틀러)라는 말을 인용하면서 추모가 지닌 고인에 대한 기억記憶의 중요성이 그의 추모사에서는 강조되어 있습니다. 우리 주님께서도 이미 하나님은 죽은 자의 하나님이 아니요 산 자의 하나님이시라고 하면서 하나님에게는 죽은 자든 살아 있는 자든 모든 사람이 다 살아 있다(눅 20:38)는 놀라운 말씀을 하신 적이 있습니다. 문학적文學的 고안考案이긴 하지만 고인을 추모하는 이에게 고인은 죽은 자가 아니라 지금도 살아서 우리의 말을 듣고 있기에, 추모사에서는 고인들과의 대화가 가능합니다. 고인에 대한 사랑 고백, 고인 앞에서의 잘못 고백, 미안한 심정의 토로, 고인과의 회고담, 고인에게 쓰는 편지, 때로는 하나님께 고인의 안부를 묻고 선처를 부탁하는 내용까지도 들어 있습니다.

마지막 제4부 "건강한 교회 세우기"는 문인현 목사의 목회 서신입니다. 기도와 예배와 성경과 성령과 믿음과 찬양이 가득 찬 건강한 교회를 지향하는 목회자의 소망과 교인들에 대한 사랑이 물씬 풍기는 마당입니다.

 그의 글에는 많은 인물들이 실명으로 등장합니다. 그들 중에 더러는 저와도 오랜 친분을 가진 이들이 있습니다. 문인현 목사와 이 책의 추천자인 제가 같은 지인을 스승으로, 선배로, 친구로 사귄다는 것은 반가운 일입니다. 그러나 때로는 내가 존경하는 분들이 달리 평가되는 것을 보면서 우리 사이의 견해 차를 확인하기도 합니다. 저자 문인현 목사와 추천자인 저는 소속 교단도 신학적 배경도 다르지만, 그리고 세계 교회의 쟁점에 대한 입장과 견해와 고백도 다르지만, 그러한 차이를 극복하게 하는 그리스도 안에서의 성도의 교제가 그리스도의 몸인 교회 사랑으로 이어지기를 바랍니다.

추천의 글

정규남 광신대학교 총장

 이 책의 저자인 문인현 목사님은 40년이 넘는 목회생활을 통해 우리 한국 교회에서 시급히 시정되어야 할 문제점들이라고 느껴 오신 것을 담담하게 기술하고 있습니다. 한국 교회가 안고 있는 문제로 저자는 세속화(교회의 통계에서 나타난 허수들, 목회자 세습)와 왜곡된 가치관(번영신학, 성장주의, 목회자들의 명예욕)을 들고, 또한 교회의 도전 세력으로 종교 다원주의[그 예로 세계교회협의회(WCC)의 신학] 사상과 이슬람 세력의 동진東進을 거명하며 그들의 잘못된 점과 위협에 대해 다루고 있습니다. 그리고 우리 기독교인들이 단군 신상의 철폐를 요구하는 이유를 평신도들도 잘 이해할 수 있도록 아주 쉽게 설명해 주고 있습니다.

 한편 저자는 한국 교회의 미래를 논하면서 한국 교회가 바로 서고 발전하기 위해서는 바른 신학을 정립해야 하고, 바른 예배가 회복되어야 하며, 역사의식을 바로 세워야 하고, 성령의 역사가 강하게 일어나야 한다고 강조하고 있습니다.

 이와 함께 한국 교회가 소망 있는 교회가 되기 위해서 성도들이 어떤 삶을 살아야 하는지를 가르쳐 주기 위해 제2부에서는 자랑스런 종들의 삶과 인격과 학문과 신앙을 보여 주는 문인현 목사님의 부친이신 고故 문재구 목사님, 고故 차남진 목사님, 김홍래 목사님, 박형용 목사님 그리고 황정심 전도사님에 대한 이야기를 다루고 있습니다.

제3부에서는 헌신적인 종들에 대한 추모의 글을 모아놓았는데 이 글을 읽는 사람들의 눈시울을 뜨겁게 합니다.

제4부에서는 주로 문인현 목사님이 2003년부터 2009년까지 매년 1월 1일에 쓴 목회 서신들이 기록되어 있습니다. 이 서신들에는 문 목사님이 섬기는 강일교회와 그 성도들에 대한 깊은 애정과 바람의 글들로 가득 차 있습니다.

그리고 이 책은 시편 119편 164절에서 말한 것처럼 성도들에게 만왕의 왕 되신 주님을 날마다 하루 일곱 번씩 찬양하며 살자고 권면하면서 끝을 맺습니다.

이 《한국 교회 사랑》이란 책을 읽을 때, 독자들이 한국 교회의 문제점과 그 개선책은 무엇인지 잘 이해하여 교회를 섬기는 데 많은 도움이 되고, 성도의 바른 삶이 무엇인지를 깨닫게 될 것이라 확신하며 기쁨으로 이 책을 추천합니다.

머리말

사람이 살다 보면 자신의 능력에서 벗어나는 일인 줄 뻔히 알면서도 겁 없이 덤벼드는 경우가 있습니다. 저에게는 유독 글을 쓰는 일이 쉽지 않았습니다. 글을 쓰면서 몇 번이고 '그만두는 게 좋겠다'고 되뇌었습니다. 그래도 어느 순간엔가 놓았던 펜을 다시 들고 있는 저 자신을 발견했습니다.

종교개혁자 존 칼빈(1509-1564)의 탄생 500주년을 맞이하면서 한국 교회에 대한 글을 쓰고 싶은 마음이 생겼습니다. 저는 "교회는 성도의 어머니다"라는 존 칼빈의 말을 항상 가슴에 간직하며 살았습니다. 그러다 보니 한국 교회를 향한 사랑은 자연스러웠고, 그 속에서 희망을 찾아낼 수 있었습니다. 《한국 교회 사랑》이라는 책 제목도 여기에서 나온 것입니다.

1907년 평양 대부흥운동이 일어났는데 그로부터 100주년이 되는 해인 2007년에 저는 《한국 교회, 그래도 희망은 있다》라는 책을 한국 교회에 선보였습니다. 그 이전에는 한국 개신교 선교 100주년을

한국 교회 사랑

맞이해서 1984년에 〈소리〉라는 잡지에 "한국 교회, 그래도 희망이 있다"라는 글을 썼습니다. 세 차례나 동일한 주제의 글을 쓰면서 "나 자신이 한국 교회를 얼마나 사랑하고 있었는지?" 생각해 보니 부끄러운 마음이 들기도 했습니다.

《교회, 나의 고민, 나의 사랑》(Church: Why Bother?)이라는 필립 얀시(Philip Yancey)의 글을 읽으면서 모처럼 위로를 받았습니다. 한국 교회뿐만 아니라 세계 교회도, 나뿐만 아니라 다른 사람들도 같은 마음을 가지면서 살아가고 있다고 생각하니 이내 마음이 한결 평온해졌습니다.

한국 교회를 사랑하고 염려하시는 여러 분의 글을 읽으면서 한편으로는 그 비판에 동감하는 면이 있는 반면, 다른 한편으로는 감사하는 마음도 있었습니다. 바라기는 베드로 사도의 사랑의 고백이 한국 교회에 넘쳤으면 좋겠습니다(요 21:15).

목회와 교수의 사역 40년 중 35년을 주님의 은혜로 강일교회를

머리말

섬겼습니다. 섬겼다기보다는 성도들과 동역자들에게 사랑을 받으면서 목회를 했습니다. 그런데 그토록 많은 사랑을 받았지만 그 사랑을 표현하는 일이 그리 쉽지만은 않았습니다. 사랑의 빚을 갚는다는 심정으로 때를 따라 몇 차례 글을 썼습니다. 그리고 그 글들을 한데 묶었습니다. 한 자리에서 한몫에 쓴 글이 아니기에 여러 가지 모양의 글이 되었습니다. 굳이 말한다면 한국 교회에 대한 사랑의 마음뿐이었습니다.

바쁘신 중에도 꼼꼼히 읽어주시는 독자들 중에서 제 글의 곳곳에서 매끄럽지 않은 부분들을 발견하실 것입니다. 무딘 펜으로 글을 쓰다 보니 이런 부분들이 있음을 너그러운 마음으로 이해해 주시기를 바랍니다. 특별히 추천의 글을 써 주신 홍정길 목사님, 민영진 목사님, 그리고 광신대 총장 정규남 목사님께 감사를 드립니다. 본서의 출판을 맡아 주신 크리스챤서적의 임만호 장로님과 수고해 주신 여러분들에게도 감사드립니다.

지난 35년 동안 부족한 것이 많은 종에게 수고와 사랑을 아낌없이 베풀어 주신 우리 강일교회 성도들에게 깊은 감사를 드립니다. 또한 이제까지 묵묵히 내조해 준 아내(공신영)와 주님 안에서 목회자의 아들과 딸로 살아온 세 자녀에게도 고마운 마음을 전합니다.

끝으로 우리 하나님께 감사와 영광을 올려 드립니다.

2009년 12월 1일
문인현

차례

추천의 글
홍정길(남서울은혜교회 목사) • 4
민영진(기독교대한감리회 목사, 전 대한성서공회 총무) • 7
정규남(광신대학교 총장) • 12

머리말 • 14

제1부 내 사랑 한국 교회
한국 교회, 희망이 있다 • 22
한국 교회의 세습 문제 • 66
단군신화에 대한 올바른 이해 • 76

제2부 자랑스런 종들의 이야기
순종의 종 문재구 목사 • 92
루터를 닮은 칼빈주의자 차남진 교수 • 100
길고도 오랜 인연 김홍래 목사 • 111
하나님의 사람 박형용 목사 • 119
나의 동역자 황정심 전도사 • 126

제3부 주의 사랑을 받은 종들(추모의 글)

추모비 앞에서(이원설 장로님 추모비 제막식 예배 설교문) • 134
한 식구인데…(문일호 목사님을 그리며) • 139
속 깊은 형님(윤낙중 목사님을 그리며) • 141
불러 보고 싶은 이름, 동원아!(김동원 집사님을 추모하며) • 143
당신은 좋은 사람(김경두 집사님을 추모하며) • 147
기립 박수를 받아야 할 여종(서성숙 권사님을 추모하며) • 149
오래도록 기억하겠습니다(이윤옥 집사님을 추모하며) • 153

제4부 건강한 교회 세우기(목회 서신)

목회자의 행복 • 158
믿음의 사람은 기도합니다 • 161
예배는 성도의 생명줄입니다 • 163
모든 영광을 우리 주님께 • 167
성경적 시각으로 살아갑시다 • 170
성령의 단비를 주옵소서 • 174
반 고흐의 모작 • 177
믿음은 삶입니다 • 180
슬퍼하는 자는 복이 있나니 • 183
두 가지 진단 질문 • 187
행복하여라, 긍휼의 사람이여 • 190
목사와 설교 • 193
하루 일곱 번씩 왕께 찬양합시다 • 197

"나에게는 살아 있는 교회에 대한 꿈이 있습니다."
-John R.W. Stott

"사랑은 배워야 하는 감정입니다."
-Walter Trobisch

"꽃잎은 떨어지지만 꽃은 영원히 지지 않는다."
-Francis of Assisi

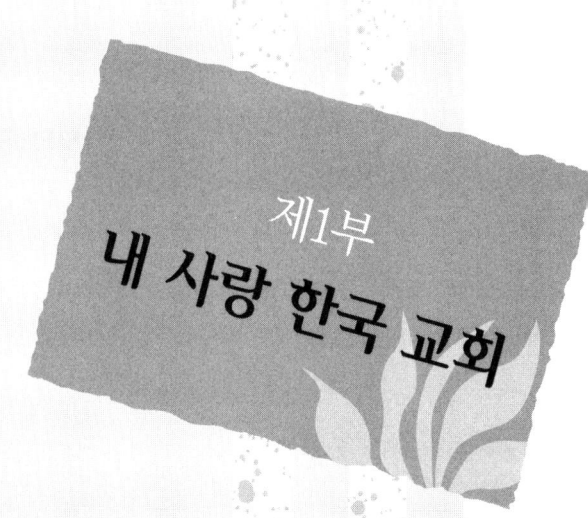

제1부
내 사랑 한국 교회

한국 교회, 희망이 있다
한국 교회의 세습 문제
단군신화에 대한 올바른 이해

한국 교회, 희망이 있다

여는말

세계 교회가 한국 교회를 주목하고 있습니다. 개신교 선교 125년 만에 한국 교회는 세계 선교 역사 가운데 유례를 찾아볼 수 없는 미증유의 성장을 했습니다. 문화체육관광부가 발간한 '한국 종교 현황'(2009. 1. 19)에 따르면 개신교도는 1,194만 명이며, 또한 통계청의 조사(2005)대로라면 861만 명이라고 합니다. 어느 쪽 통계를 따르더라도 이 같은 성도 수는 놀라운 것입니다. 과거에는 한국 인구의 4분의 1이 기독교인이라고 자랑했습니다. 한때 이런 주먹구구식의 통계로 말미암아 한국 교회사 지도자들은 사회의 지탄을 받기도 했습니다. 그러나 확실한 것은 제18대 국회의원 299명 중에 118명(40%)이 개신교도라는 공식적인 기사가 발표되었다는 것입니다(한국일보, 2009. 9. 2). 상당수의 신자가 입법부에 있습니다.

한국 교회에는 세계 최대의 교회로 알려진 여의도 순복음교회(담임 이영훈 목사)가 있습니다. 조용기 전도사가 최자실 전도사의 집에서 처음 예배 드릴 때 5명으로 시작했으나(1958. 5. 18) 지금은 70만 명 이상의 초대형 교회로 성장했습니다.

이 여의도 순복음교회를 비롯하여 한국 교회의 은혜와 진리 교회(예하성), 금란 감리교회, 인천 숭의 감리교회, 주안 장로교회 등이 세계 10대 교회 안에 듭니다. 그밖에도 세계 50대 교회 중에서 약 절반이 한국 교회에 있다고 합니다.

한국은 선교사 파송에 있어서도 기적과 같은 성장을 보이고 있습니다. 1979년에 93명의 선교사를 파송하던 한국 교회가 30년이 지난 오늘에는(2008년 말) 170여 선교 단체를 통하여 약 1만 7천여 명의 선교사를 세계 각국에 파송했습니다. 숫자 면에서는 미국 다음인 세계 제2위의 선교사 파송 국가가 되었습니다.

한국세계선교협의회(KWMA)는 'TARGET 2030' 운동을 펼치고 있습니다. 그 내용인즉 2030년까지 10만 명의 선교사를 파송하며 100만 명의 자비량 선교 사역자를 일으키겠다는 것입니다.

한국을 방문하는 외국의 목회자나 성도들은 여의도 순복음교회나 이름난 초대형 교회(Mega Church)에 한 번 방문하는 것을 그들의 일정에 꼭 포함시킵니다.

《놀라운 하나님의 은혜》의 저자인 필립 얀시(Philip Yancey)는 최근 그가 쓴 「교회, 나의 고민, 나의 사랑」(*Church: Why Bother?*)의 한국 독자를 위한 서문에서 "하나님께서는 특별히 아시아의 밀레니엄이라고 할 수 있는 이 시작의 때에 한국 교회를 아시아의 중심에 놓으셨다"고 했습니다. 이와 같은 말은 결단코 과장된 언사가 아니라 그분의 진심에서 나온 칭찬과 격려의 말이라고 생각됩니다.

분명히 외적인 면에서 한국 교회를 보면 상당히 놀라운 것만은 부인할 수가 없습니다. 해외의 성도와 학자들의 눈으로 볼 때 한국 교회는 무언가 신앙적으로 본받을 것이 있는 것이 사실입니다. 그럼에도 불구하고 한국 교회의 뜻있는 지도자들과 성도들은 오늘의 한국 교회의 연약성을 바라보면서 안타까워하고 있습니다. 단순히 한국 교회가 1980년경부터 성장이 정체되었고, 더 나아가 1990년부터는 침체의 경향이 나타났다고 해서가 아닙니다.

이보다 더 심각한 변화가 교회 밖에서 일어나고 있습니다. 기독교윤리실천운동에서 2008년 시행한 조사에 의하면 국민의 18.4퍼센트만이 기독교회를 신뢰한다고 답했습니다. 한국 선교사로 파송받아 십수 년을 총신대에서 교수로 수고한 바 있는 간하배(Harvie M. Conn) 교수가 "한국 교회가 한국 사회에서 신뢰를 상실한 것이 교회의 진정한 위기"라고 한 말이 예언처럼 들어맞는 것 같아서 마음을 아프게 합니다.

교회 안팎에서 비난과 비판의 소리가 들려오고 있습니다. 근간에 TV 매체를 통한 기독교회에 대한 공세는 그 수위를 넘지 않았나 할 정도입니다. 지난 2008년 초 MBC의 '뉴스 후'라는 프로그램에서는 대형 교회의 부정적인 면이라고 할 수 있는 담임 목사직 세습, 교회 재정의 불투명성, 세금 안 내도 되는 사람들 등의 논점으로 교회를 공격했습니다. SBS 역시 이에 뒤질세라 '신의 길 인간의 길'이라는 프로그램을 통해서 교회와 목회자를 비난했습니다.

모든 영화가 그런 것은 아니지만 '투캅스', '할렐루야', 그리고 '친절한 금자씨'와 같은 영화에는 기독교를 폄하 내지 비꼬는 듯한 장면들이 포함되어 있습니다. 낯부끄럽기도 합니다.

한국교회언론회(대표: 김승동 목사)는 최근 보도 자료(2009. 10. 17)를 통해 국내 포털 사이트 '네이버(Naver)'에서 반 기독교 활동이 증가하고 있어 크게 우려된다고 밝혔습니다. 한국교회언론회는 "국내 포털 사이트 중 1일 이용자 750만 명이 네이버 뉴스 메인 창에서 반기독교적이거나 기독교를 왜곡하는 내용을 발견하는 것이 그리 어려운 일이 아니다"면서 그 대책 마련이 시급하다고 주장했습니다. 인터넷 사용에 익숙한 20~30대 젊은 층이 당연히 직·간접적으로 영향을 받기 때문에 이에 대한 적극적인 기독교회의 대책이 있어야 합니다.

실제로 온라인 상에서 자극을 받은 일부 젊은이들 중에서는 수많은 반기독교 사이트를 통해서 일반 언론 매체 이상으로 기독교를 시도 때도 없이 공격하고 있습니다. 그나마 한국기독교총연합회(한기총)의 학술위원회는 상당한 수준에서 대응하고 있으나 대부분의 한국 교회 목회자들은 손 놓고 그냥 당하고 있는 실정입니다.

한국 교회는 이런 문제들에 대해서 눈을 감아서는 안 될 것입니다. 사회가 교회를 향해 비판하는 소리들을 열린 마음으로 겸허히

들어야 합니다. 교회 내의 깨어 있는 평신도와 젊은이들의 소리까지도 귀를 기울여야 합니다.

평신도인 옥성호는 그의 책 《심리학에 물든 부족한 기독교》와 《마케팅에 물든 부족한 기독교》에서 한국 교회의 참 모습을 깊이 있게 진단하고 있습니다. 책 제목에서부터 작심한듯 파격적인 제목으로 출간된 《맞아 죽을 각오로 쓴 대형 교회 비판》과 《한국 교회 이렇게 달라져야 한다》를 쓴 조엘 박 목사 역시 한국 교회를 사랑하는 본심에서는 모두 같을 것입니다.

최근 화제가 된 미국 목사 짐 베커(Jim Bakker)가 책 제목을 통해 《내가 틀렸다》(*I WAS WRONG*)고 고백한 것처럼 우리도 솔직히 회개해야 할 것이 있음을 인정해야 합니다.

그렇다면 한국 교회가 안고 있는 현실적인 문제는 무엇입니까? 학자들마다 한국 교회의 문제점을 이렇게 저렇게 지적하고 있습니다. 또한 거기에 대한 대책과 대안도 제시하고 있습니다. 저는 크게 네 가지로 구분해 보았습니다. 한국 교회의 세속화가 우선적으로 해결해야 할 첫 번째 과제라고 생각합니다. 한국 교회는 무엇보다 정직해야 합니다. 숫자에서, 그리고 교회가 목회 후계자를 세움에서 세상 사람들이 말하는 세습이라는 말을 들어서는 안 됩니다.

다음으로는 성경적 가치관을 확고히 세워 나가야 합니다. 목회자나 성도들이 너무나 세상적인 생각과 방법을 동원하여 교회를 섬기고 삶을 영위하려고 합니다. 세상의 CEO의 강의와 설교 강단의 설교 사이에 별 차이를 느끼지 못하겠다는 것이 성도들 사이에 오가는 이야기입니다.

어떻게 따져 보면 이보다 더 심각한 현상들이 한국의 기독교회 내에서 암덩이처럼 퍼지고 있습니다. 그것은 신학의 문제입니다. 반드시 청산되어야 할 것은 소위 종교 다원주의라는 사상입니다. 이것은 달콤하게 코팅이 된 일종의 독약입니다. 참으로 무서운 신학입니다. 신학이라는 이름을 뒤집어쓴 사탄의 유혹이며 계교입니다.

한국 교회가 이 시대에 정신 차리고 경계할 것은 자유주의 신학뿐만 아닙니다. 이방 종교, 곧 이슬람 세력을 경계해야 합니다. 한국 교회는 이슬람에 대해 성직자나 평신도 모두가 거의 무지하다고 할 정도의 수준에 머물러 있습니다. 그렇지만 이미 사탄의 공세는 시작되었습니다.

이와 같은 적어도 네 가지 문제, 곧 세속화와 왜곡된 가치관 그리고 종교 다원주의와 이슬람의 문제들은 그냥 넘어가서는 안 됩니다. 올바른 대응이 없으면 한국 교회가 큰 재앙의 늪에 빠지지 않을 것이라고 어느 누구도 장담할 수 없을 것입니다.

하지만 이와 같은 한국 교회의 어두운 면이 있는가 하면, 다른 한편으로는 밝은 면이 있음도 간과해서는 안 될 것입니다. 희망의 씨앗이 새순처럼 솟아나고 있습니다. 우리가 패배주의에 빠지거나 아니면 역사적 결정론으로 기울어져서는 안 될 것입니다.

이제 한국 교회의 현실적 과제가 무엇인지를 살펴보고자 합니다. 본 제목에 들어가기 전에 두 가지 말씀드릴 것이 있습니다. 첫째는 이 글은 논쟁하기 위한 이론서가 아니라는 것입니다. 둘째는 지역

교회를 40여 년 간 섬기고 있는 한 목회자가 한국 교회의 현실과 미래를 믿음의 눈으로 바라보면서 써 내려간 글일 뿐이라는 것을 기억해 달라는 것입니다.

I. 한국 교회, 무엇이 문제인가?

한국 교회가 지금 이대로 흘러가도 좋다고 말하는 사람은 없을 것입니다. 한국 교회의 외적 성장에도 불구하고 이대로는 안 된다, 분명히 개혁되어져야만 한다고 모두들 말합니다. 그리고 그 시기는 빠르면 빠를수록 좋다고 합니다.

그러면 한국 교회, 무엇이 문제입니까? 매우 일반적이며 또한 상식적인 이야기에서 시작해 보고자 합니다.

(1) 세속화

한마디로 한국 교회가 세속화되었다고 하는 말은 옳은 말이 아닙니다. 정확하게 말하자면 한국 교회가 세속화의 길로 행하고 있다고 하거나, 아니면 한국 교회 내에는 세속적인 생각을 가진 이들이 무시하지 못할 정도로 상당수 포함되어 있다고 할 것입니다.

한국 교회의 세속화는 크게 보면 두 가지 현상으로 나타나고 있습니다. 첫째는 정직 지수이며, 둘째는 목회자 세습 현상입니다.

① 정직 지수

우리는 부정·부패하면 곧잘 아프리카나 동남아시아 국가의 어떤 지도자들을 떠올리거나 아니면 우리나라의 이전 지도자들을 언급하곤 합니다. 과거에는 일반적으로 주님의 교회 안에서, 그것도 성직자들이 부정직할 것이라고는 어느 누구도 생각하지 않았습니다. 그런데 오늘날은 상황이 상상할 수 없을 정도로 바뀌었습니다.

먼저는 정부 관계자나 사회를 이끌어 가는 방송, 신문들이 교회의 통계나 교회 지도자의 발언을 신임하지 않습니다. 그도 그럴 것이 각 교단의 통계 숫자에 허수가 많다는 것입니다. 공의와 믿음을 앞세우는 기독교(개신교)만은 정직할 것이라고 생각했지만 불교나 타 종교와 조금도 다를 바 없이 최근까지 숫자를 부풀려 보고하는 모습을 보여 왔습니다.

목회자 역시 부정직의 문제에서 예외일 순 없습니다. 미리 말씀드릴 것은 결코 모든 성직자들이 그렇다는 것은 아닙니다. 정치인이나 고위 관료들에 대한 청문회 현장을 보면 과거 경력이 부풀려졌거나 아니면 허위임이 드러나는 경우를 종종 보게 됩니다. 그렇듯 목회자에게서도 가짜 박사 학위 문제로 가끔 시비가 벌어지는 경우가 발생하고 있습니다.

교회의 정치 체계가 모두 같은 것은 아니지만 어떤 교단은 소위 상회비를 노회(총회)에 내게 되어 있습니다. 이때는 교회의 연간 예산을 줄여서 보고합니다. 그런데 이와는 정반대로 노회가 총대를 파송할 때는 교회 수(당회)를 부풀려서 상회에 보고합니다. 참으로 원칙이 없는 일이 관행처럼 벌어지고 있어도 목사와 총대 장로들은 아무런 감각이 없습니다. "다 그런 거야", "나와 무슨 상관이 있는데?" 하고는 눈 감아 버립니다. 거룩한 공동체라고 하는 교회의 지도자들 역시 그 모양 그 꼴입니다.

또한 앞으로 한국 교회의 미래를 짊어지고 가야 할 젊은 사역자들이 신학교에서 과제물을 작성할 때 그리고 시험을 치를 때 어떠한 모습을 보여 주고 있습니까? 세상 사람들과는 달라야 하지 않겠습니까?

인터넷 네이버(Naver) 검색창에 '이장로'를 쳐보니 다섯 사람의 이장로가 나왔습니다. 이들은 그들의 교회의 직분이 아니라 이름 자체가 이장로입니다. 이장로 중에는 교수도, 기업인도, 공무원도 있었습니다.

한국에 이李씨 성姓을 가진 '이장로'는 셀 수 없이 많을 것입니다. 과거 이북에서는 '장로'라고 하면 그 교회의 직분만으로도 마을과 사회에서 신임을 받았다는 말을 들은 적이 있습니다. 그런데 오늘날은 그렇지 않습니다. 장로님들 사회에서도 "난 어느 교회 무슨 장로에게 당했다"고 하는 말을 듣습니다. 여기서 '당했다'는 것은 경제적으로 사기를 당했다는 의미입니다.

우리가 기도할 때 늘상 하는 말 중에 '빛과 소금'으로 살게 해 달라는 말이 있습니다. 설교도 그렇게 합니다. 그런데 교회와 성도가 어느 때까지 가야만 빛과 소금이 될 것입니까? 계속 땅에 버려져 밟힘을 당해야 하겠습니까?

② 목회자 세습

세습이란 말은 긍정적인 의미보다는 부정적 의미가 강하게 느껴지는 말입니다. 오늘날 한국 교회에서는 아예 세습이란 말을 꺼내서는 안 될 것 같은 분위기가 조성되고 있습니다.

한국 교회의 세습은 근간에 대형 교회에서 이루어지고 있는 새로운 현상 중 하나라고 할 것입니다. 그것이 혈연적인 것이든지 아니면 영향력을 미치는 담임 목사직의 대물림이 되었든지 간에 문제가 일어날 소지는 얼마든지 있습니다.

한국 교회에 대해서 말하는 사람이나 글을 쓰는 자들이 꼭 빼놓지 않고 언급하는 주제 중 하나가 바로 한국 교회 목회자의 세습에 관한 문제입니다.

'기독교윤리실천운동', '교회개혁실천연대'와 같은 단체나 〈복음과 상황〉, 〈기독교 사상〉 같은 기독교 월간지는 목회자 세습의 문제를 강도 높게 비판하고 있습니다. 참으로 어떤 의미에서는 잘하는 일입니다. 그렇다고 해서 자만하는 마음을 가질 것은 아니라고 생각합니다. 좀더 큰 그림을 보아야 합니다.

대형 교회의 담임 목사직 대물림은 지금도 거침없이 행해지고 있습니다. 요사이는 중대형 교회에서까지도 그런 추세로 나아가고 있습니다.

서로의 시각이 다르다는 것을 우리 모두가 인정해야 하겠습니다. 서로의 주장이 다를 수는 있지만 무엇인가 이 문제를 무리 없이 해결해 나갈 길을 모색해야 합니다.

《심리학에 물든 부족한 기독교》, 《마케팅에 물든 부족한 기독교》의 저자 옥성호는 한국 교회에 잘 알려진 사랑의교회 원로목사 옥한흠의 자녀입니다. "우리 삼형제는 목회자가 안 된 것만으로도 한국 교회에 공헌을 했다"고 옥성호 형제는 그의 책에서 말하고 있습니다. 이 말은 그의 진심일 것이라고 생각합니다. 그렇지만 한국 교회 목회자의 자녀들이 한결같이 너나 할 것 없이 이처럼 말한다면 그것은 또 하나의 비극일 것입니다.

(2) 왜곡된 가치관

가치관價値觀의 사전적 정의는 가치에 대한 관점, 다시 말하면 인간이 자기를 포함한 세계나 그 속의 사상事象에 대하여 가지는 평가의 근본적 태도입니다. 가치관이란 철학적 술어입니다. 그렇지만 모든 인간은 지식의 유무나 남녀노소를 무론하고 각자의 가치관을 가지고 있는 것이 사실입니다.

왜곡이란 사실과 다르게 해석하거나 그릇되게 함이란 뜻입니다. 그런데 어쩐지 '왜곡'이라고 하면 두 가지 말이 떠오릅니다. 먼저는 역사의 왜곡이라는 단어입니다. 그리고 다음으로는 깨어진 거울을 뜻하는 파경破鏡입니다.

한국 교회 내에서는 분명히 왜곡된 가치관 내지는 잘못된 신앙관이 어느 사이에 성도들의 생각을 사로잡고 있습니다. 도대체 한국 교회의 왜곡된 가치관에는 어떤 것이 있습니까?

① 번영의 신학(The Theology of Property)

번영의 신학이라는 말을 한번쯤 들어보셨을 것입니다. 굳이 '번영의 신학'이라고 이름을 붙이게 된 것은 이 말이 여러 가지 의미를 함축하고 있기 때문입니다. 번영의 신학을 가능케 하는 요소를 든다면 아마도 실용주의와 적극적 사고로 대변되는 심리학적 측면을 말할 수 있을 것입니다.

실용주의와 적극적 사고를 이어주는 연결 고리는 바로 성공주의입니다. 박순용 목사는 《기독교, 세상의 함정에 빠지다》에서 "실용주의는 교회 안에서 성실하게 진리 왜곡을 수행한 틀림없는 세상의 정신이다"라고 했습니다.

성경은 예수 그리스도를 빌어 구원 얻는 진리를 전하고 있지 세상에서 번영하는 비결을 말하거나 축복을 약속하지 않습니다. 그럼에도 불구하고 주님께서 말씀하신 십자가의 길과 또한 바울 사도가 그토록 성도들에게 당부한 "복음과 함께 고난을 받으라"(딤후 1:8)는 말씀을 외면하는 것은 비단 한국 교회만의 상황은 아닐 것입니다.

옥성호 역시 《심리학에 물든 부족한 기독교》에서 "긍정적 사고방식(Positive Thinking)은 심리학의 두 번째 가면이다"라고 했습니다. 노만 빈센트 필(Norman Vincent Peale) 목사는 《적극적 사고방식》(The Power of Positive Thinking)으로 세계적인 유명인이 되었습니다. 그의 책은 42개 국어로 번역되었으며 무려 2천2백만 부나 팔렸다고 합니다.

저 역시 고등학교에 다닐 때(1961) 그의 책을 읽었던 기억이 납니다. 그것은 이제까지 교회에서는 들어보지 못하던 복음과 같이 여겨졌습니다. 노만 빈센트 필의 영향은 기독교회 안에서, 그것도 소위 성공했다고 하는 이름난 목회자에게로 이어지고 있습니다.

미국 수정교회의 로버트 슐러(Robert Schuller)는 사실상 노만 빈센트 필 목사의 사상과 그의 모습의 거의 복사판이라고 할 수 있습니다. 그는 한때 노만 빈센트 필 목사가 사역하던 뉴욕의 마벨 콜게이트에서 목회 사역을 도왔었습니다. 로버트 슐러 목사는 '적극적 사고'를 '긍정적 사고'라는 단어로 교체했을 뿐이라고 옥성호는 말했습니다.

제가 서울 신길동에서 35년 전 힘겹게 개척교회를 하고 있을 때였습니다. 목회를 행복하게 할 수 있는 무슨 좋은 길이 없을까 생각하다가 로버트 슐러 목사의 《불가능은 없다》라는 책을 구입하여 밤새워 읽었습니다. 잠시지만 당시에는 지쳐 있는 마음에 위로와 용기를 주었습니다.

그 후 1981년에 미국 LA를 방문하는 기회가 있었습니다. 그때 박형용 목사님과 함께 로버트 슐러 목사가 시무하는 수정교회에 가서 주일 예배를 드렸습니다. 그의 책에서 이야기한 대로 교회(예배당)는 생각보다 훨씬 좋게만 보였습니다.

긍정적인 사고방식을 지향하는 또 한 사람이 있습니다. 그분은 조엘 오스틴(Joel Osteen) 목사입니다. 그가 저술한 《긍정의 힘》(부제: 믿는 대로 된다)은 출판되자마자 최상의 베스트셀러가 되었습니다. 그의 책을 몇 년 전에 미국에서 살고 있는 한상혁이라는 친구에게서 선물로 받았습니다. 조엘 오스틴 목사의 텔레비전 프로그램은 미국 안방에서 그리고 전 세계 150개국으로 방송되고 있다고 합니다.

노만 빈센트 필을 선두로 로버트 슐러 목사 그리고 젊은 패기가 넘치는 조엘 오스틴, 이 세 사람은 육체는 다른 사람이지만 정신과 그들의 믿음은 한 사람인 것처럼 느껴집니다.

객관적으로 생각할 때 그들은 적극적이고 긍정적인 믿음을 이야기하고 있습니다. 그렇지만 그들의 신앙의 밑바닥은 성경을 기초로 한다기보다 세상의 심리학과 철학을 깔고 있는 것이 분명합니다.

미국 교회에서만이 아니라 바로 오늘날 한국 교회에도 긍정적(적극적) 사고와 능력을 강조하는 설교자들이 대교회를 이루고 있는 현실을 보게 됩니다.

한국판 로버트 슐러가 누구 누구라고 말하진 않더라도 눈을 가진 이라면 대충은 짐작하거나 그들의 얼굴이 떠오를 것입니다. 더 이상 이야기해서 무슨 유익이 있겠습니까? 백보를 양보하더라도 그들이 전하는 복음 곧 그들의 설교는 주님께서 원하시는 것이 아닙니다. 그들은 성도들을 천국에 들어가게 하는 구원의 복음에는 별 관심이 없습니다.

번영의 신학을 가능케 하는 원리는 성경에서 나왔습니다. 무슨 말을 하느냐고 하실지 모르지만 성장과 번영을 부르짖는 사람 역시 항상 성경을 내세웁니다. 그들은 성경의 특정한 구절을 항상 외치고 있습니다. 예컨대 "내게 능력 주시는 자 안에서 내가 모든 것을 할 수 있느니라"(빌 4:13), "사랑하는 자여 네 영혼이 잘됨같이 네가 범사에 잘되고 강건하기를 내가 간구하노라"(요삼 1:2)는 말씀을 늘상 인용합니다.

  이 말씀에서 우리가 이미 들어서 알고 있는 '삼박자 신앙'이라는 신앙 원리를 구성했습니다. 그들이 설교와 기도에서 말하는 영혼이 잘되고, 범사가 잘되고, 거기에다가 육신까지 강건해지는 복음을 어느 누가 거부하겠습니까?

  그들이 그토록 즐겨 인용하는 성경 말씀을 잘못 이해하는 것이 문제입니다. 기독교의 진리를 사람들이 듣기 좋은 복음으로만 착각하거나 오해하게 해서는 안 됩니다.

  몇몇 설교자들이 성도들의 축복을 추구하는 마음을 자극함으로써 성도들 중에는 복이 된다는 말에 빠져 버리는 경우도 있습니다. 한국 교회가 무속적인(Shamanism) 기복주의로 흐르고 있다는 신학계의 주장이 어느 정도 수긍되는 것이 사실입니다. 한국 개신교회 역사가 125년을 넘어서는 이 시점에서는 성경적인 축복이 무엇이며 성도가 추구해야 하는 삶이 무엇인지를 확실하게 분별해야 합니다.

② 메가 처치(Mega Church : 초대형 교회)

  금년(2009)에 《메가 처치 논박》(신광은)이란 책자가 나왔습니다. "한국은 세계에서 메가 처치가 가장 많은 나라 중 하나다. 전 세계 50대 교회 중 23개가 한국에 있다. 세계 10대 교회 중 5개가 한국에 있다. 세계 최대 교회도 한국에 있고, 세계 최대의 장로교회, 세계 최대의 감리교회도 한국에 있다. 교인 수가 여수시 전체 인구의 2.5

배나 되는 교회도 있다. 이는 2천만 기독교 역사에서 단 한 번도 찾아볼 수 없는 현상이다"라고 신광은 목사는 그의 책에서 말했습니다.

단도직입적으로 말해서 메가 처치가 좋다는 말인가요? 아니면 무엇이 문제란 말인가요? 이 문제에 대한 생각은 서로 엇갈리고 있습니다.

"보통 사람들은 메가 처치를 가리켜 '성령께서 강력하게 역사한 결과' 요, '하나님이 넘치는 축복을 부으신 결과'라고 한다. 그러나 메가 처치는 성령님의 역사나 하나님의 축복의 결과이기에 앞서 교회가 세속적 흐름을 적극적으로 수용함으로써 생겨난 결과다. 따라서 메가 처치는 태생적으로 세속적이다"라고 신광은 목사는 주장하고 있습니다.

그는 더 나아가서 "메가 처치가 문제가 아니라 목사들의 인간적인 야망과 욕심이 문제이며 성도들이 말씀대로 살지 못하는 게 문제이다"라고 했습니다.

교회가 물질 만능주의, 성장주의, 영웅주의, 세속주의, 엘리트주의 등에 물든 게 문제이지 메가 처치 그 자체를 문제 삼아서는 안 될 것입니다.

어느 누구도 교회의 크기만을 가지고 문제 삼는 것은 바른 태도가 아니라고 할 것입니다. 그럼에도 불구하고 현실적으로 교회가 그 규모나 성도의 숫자에서 어느 수준을 넘어서게 되면 예상치 못하는 새로운 현상이 발생하게 될 것만은 확실합니다.

혹자는 이렇게 말할 수 있습니다. "과학과 사회 발전이 지금과 같지 않은 이전 시대와 현대의 교회를 비교하는 것은 무리다. 메가 처치가 나타난 것은 너무나도 당연한 것이다."

유럽의 대성당이나 교회를 들어가 보면 예배당의 크기와 그 안에 있는 예술 작품을 볼 때 놀라게 됩니다. 그렇지만 오늘날 우리가 보는 것과 같은 메가 처치는 생겨나지 않았습니다. 분명한 것은, 메가 처치는 오늘 우리 시대, 그것도 최근에 일어난 특이한 현상이라는 것입니다.

한국 교회의 문제나 개혁 과제를 언급한 글들은 한결같이 한국 교회의 성장이 멈추고 있는 것에 대한 대책과 방안을 제시하는 데 몰두하고 있습니다. 오늘날 이야기되고 있는 메가 처치를 문제 삼는 것은 배부른 소리이며 세상 말로 남의 교회 이야기하지 말고 자신의 일이나 똑바로 챙기라는 식이었습니다.

메가 처치의 문제는 좀 다른 시각에서 볼 필요가 있습니다. 어느 한 목회자와 지도자의 영웅주의나 욕심으로만 몰아갈 것이 아닙니다. 메가 처치를 가능하게 한 사회와 더욱이 메가 처치를 가능하게 한 성도들에 대한 심리도 함께 묶어서 살펴야만 문제가 해결될 것입니다.

한국 교회 10개 중 9개는 작은 교회입니다. 통계청의 2007년 사업체 기초 통계조사에 따르면 전국의 교회수는 5만 2,905개로 집계됐으며 이 중 92.98퍼센트에 해당하는 4만 9,192개가 소형 교회로 나타났습니다(국민일보 2008. 12. 10). 오늘날의 교회는 사회와 같이 '부익부 빈익빈'의 현상이 뚜렷이 나타나고 있습니다. 신앙을 앞세우는 성도 역시 상가나 지하의 작은 교회보다 멋지게 건축된 대형 교회를 선호하기 마련입니다. 성도들이 메가 처치를 선택하는 이유는 어떻게 보면 너무나도 당연한 것입니다. 목회자의 설교가 들을 만한 것이 첫째 이유일 것입니다. 그뿐만 아니라 소형 교회에서는 자녀를 신앙적으로 교육하는 프로그램을 기대할 수 없으나 대형 교회는 이 점에서 상당한 수준에 있습니다. 또한 경제적인 부담을 느끼지 않기 위해서 소위 방문 성도들이 주일 예배만 적당히 드릴 수 있는 곳이 어느 교회일까 생각합니다. 여러 교회들을 다녀 본 후 성도들은 결론을 내립니다.

대형 교회 목회자들 역시 새로 들어온 신자들에게 별 부담을 주지 않습니다. 적당한 수준에서 그 수위를 조절해서 관리하는 교회도 있습니다. 그로 인해 교회 성장학에서 말하는 수평 이동이 이루어지고 있습니다. 정확히 말하면 작은 교회에서 큰 교회로 수평 이동이 아니라 쏠림 현상이 이루어지고 있는 것입니다.

그런데 이런 현상은 대형 교회의 입장에서 생각해 볼 때도 전혀 문제가 없는 것이 아닙니다. 메가 처치는 성도들이 몰려올 때 좋아만 할 일이 아닙니다. 예컨대 주차난을 비롯해서 새신자 교육 등 해결해야 할 문제들이 많이 있습니다.

옥성호 형제가 그의 책 《마케팅에 물든 부족한 기독교》에서 지적했듯이 "큰 것은 도리어 교회에 해가 될 수 있다"는 말은 사실입니다. 이것은 메가 처치만 그 피해를 입는 것이 아닙니다. 바로 여기에 한국 교회의 문제가 있습니다. 큰 배는 큰 그물을 사용합니다. 그리고 최첨단 장비를 사용합니다. 물론 선원도 많이 확보하고 있습니다. 그런데 큰 배는 큰 물고기를 잡기 위해 총력을 다합니다. 이와 같은 비유가 딱 들어맞는 것인지는 모르겠습니다.

그러나 분명한 것은 있습니다. 그것은 메가 처치는 자신들만의 프로그램과 새로운 방식이 아니면 성도들을 섬기거나 교회를 운영하여 갈 수 없다는 것입니다. 그러다 보니 기존의 예배 형식에서부터 시작하여 모든 부분에서 이전에 행하던 전통적인 방식을 미련없이 버리는 경우가 허다히 발생하게 됩니다.

더욱 심각한 것은 문제가 여기에서 끝나는 것이 아니라는 점입니다. 메가 처치를 선망하는 대형 교회 그리고 중형 교회나 심지어 소형 교회까지도 이제까지 소중하게 지켜 왔던 형식과 아름다운 전통을 한순간에 버린다는 것입니다. 이는 참으로 눈물 나는 현실입니다.

부자는 자신의 형편에 따라 하루 두 끼만 먹는 이가 많습니다. 가난한 자가 부자를 따라 하루 2식을 몇 달 간만 했다고 가정해 봅시다. 아마도 영양실조에 빠질 것입니다. 부자는 하루 한 끼만 먹어도 충분한 열량을 섭취하면서 자신을 관리한다는 사실을 알아야 합니다. 한국 교회의 목회자와 지도자들은 하나님께서 주신 은사가 각각 다름을 인정해야 합니다. 한국 교회라는 큰 틀 속에서 자신의 은사를 사용해야 합니다. 큰 교회나 작은 교회나 모두 한국 교회라는 한 웅덩이 속에 있음을 우리는 잊지 말아야 합니다.

왜곡된 가치관과 관련해서 한국 교회의 지도자들, 특별히 목회자들에게 나타나는 명예심의 문제 역시 심각한 수준을 넘었다고 하는 사실이 일반 신문에서까지 보도되고 있습니다. 한마디로 말하면 목회자들은 감투를 너무나도 좋아합니다. 각 교파 그리고 각 교단마다 선거철이 가까워지면 세상 정치판에서나 볼 수 있는 일들이 다반사로 일어나고 있습니다.

어떤 교단은 총회장을 선거하는데 투표가 아니라 제비뽑기를 한다고 합니다. 얼마나 답답했으면 이 지경까지 갔겠습니까? 감리교회는 두 명의 감독회장이 생겨나서 세상 재판장의 신세를 져야 하는 사태까지 벌어졌습니다. 이는 두 명의 교황이 세워졌던 중세의 '아비뇽 유수'(Avignon Captivity)를 연상케 합니다.

어느 원로 목사님의 말이 생각납니다. "전우의 시체를 넘고 넘어 앞으로 앞으로"라는 군가처럼 오늘날 한국 교회의 목회 현장은 목회자 간에 그리고 교회와 교회 사이에 마땅히 지켜야 할 윤리가 없다는 것입니다. 거침없이 넘고 넘어 앞으로만 가고자 합니다. 정말 실망스럽습니다.

이는 우리나라 신학 교육과 성직자의 자질 문제와도 밀접하게 관련된 일입니다. 우리나라가 풀어야 할 문제 중 난제가 교육이라는 것은 누구나 인정하면서도 그토록 실마리가 보이지 않듯이, 신학생에 대한 교육과 목회자의 윤리 역시 하루아침에 해결될 일은 아닙니다.

앞선 권위를 세워 주고 동역자들 간에도 서로 존경하고 사랑을 나누어야만 합니다.

2. 한국 교회의 도전 세력

초대 기독교를 향한 도전 세력은 로마의 황제 숭배로 인한 박해였습니다. 이와 같은 정치적 수난은 콘스탄티누스 대제가 313년에 내린 밀란 칙령(Milan Edict)으로 말미암아 사라지게 되었습니다. 기독교인들은 종교의 자유가 허락됨으로써 그리스도에 대한 예배가 공인될 뿐 아니라 몰수된 교회 재산까지도 반환받게 되었습니다. 하지만 정치적 박해는 없어졌으나 교회는 이단의 발호로 말미암아 더 큰 시련을 겪었습니다. 초대교회와는 비교될 수 없지만 한국 개신교회 역시 일본제국 하에서 심각한 박해를 받았습니다. 특별히 1930년대에 일어난 신사참배로 말미암아 한국 교회에는 순교자들이 생겨났습니다.

한국 교회는 해방을 전후하여 생겨난 박태선의 전도관과 문선명의 통일교와 같은 이단 운동과 신학 논쟁으로 말미암아 한동안 성도들이 고통을 받았습니다. 이와 같은 혼란과 변화 속에서 한국 장로교의 경우 고신측, 기독교장로회, 예장 통합, 예장 합동 총회가 생겨나는 분열의 역사가 계속되었습니다.

세계 교회가 한국 교회를 주목할 만큼 성장하고 무시 못할 힘을 가졌다고 해서 한국 교회를 향한 도전 세력이 사라진 것은 아닙니다. 우리 앞에는 한국 교회와 성도들이 경계하며 주의해야 할 무서운 도전 세력이 있습니다. 먼저는 종교 다원주의이며 다음으로 생각할 것은 동진해 오는 이슬람 세력임을 알아야 하겠습니다.

(1) 종교 다원주의

종교의 다원성의 문제는 이전에도 존재했던 것입니다. 그렇지만 본격적으로 종교 다원주의(Religious Pluralism)가 기독교 신학으로 정착된 것은 20세기 중반 이후라고 할 것입니다. 종교 다원주의 사상은 이미 한국 교회에 널리 퍼져 있기 때문에 더 이상 새로운 것이라고 할 수 없습니다.

① 종교 다원주의(Religious Pluralism)란 어떤 사상입니까?

"종교 다원주의는 기독교의 자기 부정에서 생겨난 것이다. 기독교의 근본 진리들을 모두 부정하고 기독교와 다른 종교들이 모두 같다는 주장이 종교 다원주의다"라고 서철원 교수는 정의했습니다.

그렇다면 도대체 기독교의 근본 진리가 무엇입니까? 하나님께서 이 땅에 보내신 그리스도 그분만이 유일한 구주시다라는 사실입니다. 기독교만이 유일한 구원 종교이며 절대 종교라는 것입니다.

종교 다원주의자들은 "예수 그리스도는 기독교회의 설립자일 뿐이다. 기독교 역시 고등종교 중 하나일 뿐이다"라고 주장합니다. 이들은 더 나아가서 모든 종교가 다 구원에 이르게 하며 절대자에게 이르게 한다고 합니다. 또한 기독교는 다른 종교와 하등 다를 것이 없고 우월한 것도 없다고 합니다. 다시 말하면 예수 그리스도의 구세주로서의 유일성을 부정하는 것이 바로 종교 다원주의의 핵심 주장입니다.

이와 같은 거짓 사상을 모든 성도들은 경계해야 합니다. 그런 사상은 결코 용납할 수도 없고 교회 안에서 전파되어서는 안 될 것입니다. 그렇지만 한국 신학계에서는 이미 오래 전부터 종교 다원주의가 논의되어 왔습니다.

서철원 교수의 《종교 다원주의》에 따르면, 일찍이 최병헌의 유불선의 수용에서 시작하여 윤성범 교수의 토착신학 그리고 변선환 교수의 불교 포용이 있었습니다. 특별히 기독교와 불교 간은 상호 배타적이기보다 상호 보완적이어야 한다는 주장은 매우 큰 호응을 받았습니다.

종교 다원주의 사상은 소위 자유주의 신학자들 사이에서 뿐만 아니라 한국 교회에 큰 영향을 끼칠 만한 목회자들 사이에서도 여러 가지 형태로 비쳐지고 있습니다. 사회적으로는 아카데미하우스의 원장으로 널리 알려졌던 전 경동교회의 고故 강원용 목사가 민중불교에 대해서 호의적이었습니다.

또한 여의도 순복음교회의 조용기 목사 역시 종교 다원주의를 자못 용인하는 듯한 모습을 비추었습니다. 다음의 글은 기독신문(2004. 5. 18)의 기사를 요약한 것임을 미리 말씀드립니다.

"서울 여의도 순복음교회 조용기 목사가 2004년 5월 12일 앰버서더 호텔에서 열린 동국대 불교대학원 최고위과정 특강에서 종교다원주의를 용인하는 듯한 발언을 해서 물의를 빚고 있다. 조용기 목사는 '그리스도가 내 안에 있다'는 말씀이나 '마음이 곧 부처'라는 말씀은 표현만 다를 뿐 같은 말이라고 했다."

조용기 목사는 자신의 발언으로 인해 논란이 크게 일자 5월 16일 주일 예배에 앞서 해명함으로써 성도들의 이해를 구했습니다. 조용기 목사는 "내가 마치 불교에도 구원이 있다는 식으로 언론에 비쳐졌는데, 결코 그런 말을 한 적이 없으며 그들 앞에서 예수님께 기도해 마음의 평안과 병고침을 받은 것을 전했다"고 강조했습니다.

그는 "사람의 마음속에 부처가 있다고 하는 불교와 천국이 우리 마음속에 있고 예수 그리스도가 우리 마음속에 있다고 믿는 기독교가 모두 마음을 강조했다는 점에서 유사점이 있다고 말했다"고 했습니다.

한국 교회와 세계 교회의 지도자적 위치에 있는 조용기 목사의 강의는 큰 논란을 일으켰습니다. 자칫 오해받기 쉬운 자리에 가지 말든지 아니면 불자들에게도 복음을 전하는 기회로 삼았다면 도리어 그 자리가 얼마나 복되었을까요. 조용기 목사를 아끼고 사랑하는 사람들은 지금까지도 안타까워합니다.

2000년 5월 11일은 석탄일이었습니다. 한국기독교교회협의회(N.C.C.K.)의 총무는 석탄일을 맞이한 불교계에 축하 메시지를 발표했습니다. 물론 한국의 모든 교회가 종교 다원주의의 주장에 동의하거나 뒤따라가는 것은 아닙니다.

조용기 목사의 불교 강좌 이후 종교 다원주의에 대한 논의가 한국 교회에서 매우 활발하게 일어나고 있습니다. 종교 다원주의의 주장이 무엇이냐를 따지기 전에 그들의 태도가 타종교에까지도 관용적인 것을 보면 매우 신사적이며 어떻게 보면 덕스럽게 보일지도 모르 겠습니다. "등잔 모양은 다양하지만 비쳐 나오는 불빛은 동일하 다.", "산의 등정로는 다양하지만 호연지기는 서로 통한다." 신앙의 관점을 떠나서 듣는다면 얼마나 그럴듯한 말들입니까? 그렇지만 사 실은 종교 다원주의는 바로 혼합주의의 한 형태일 뿐입니다.

종교 다원주의는 이단 사상보다 더 마귀적인 사상입니다. 선교나 전도를 위해 성도들은 목숨까지도 바치는 경우가 있습니다. 모든 종 교가 같은 곳을 향하며 기독교만이 구원의 종교가 아니라면 선교가 무슨 의미가 있겠습니까? 가만 내버려두어도 자기가 믿는 신(神)에게 갈 것이고 모든 것이 해결될 것이 아닙니까? 어떻습니까? 끔찍하지 않습니까? 바로 이것이 종교 다원주의의 참 모습입니다.

기독교는 이방 종교와 타협하지 않았습니다. 기독교는 오직 한 길 뿐임을 강조합니다. 존 스토트(John R. W. Stott)는 그의 갈라디아서 강해의 책 표제를 《자유에 이르는 오직 한 길》(*Only One Way*)이라 고 정했습니다. 기독교의 유일성과 다원주의는 결코 양립되거나 수 용할 수 없고, 다원주의는 비기독교적인 세상의 철학(종교)일 뿐입 니다.

② 세계교회협의회(World Council of Churches-W.C.C.)

세계교회협의회(World Council of Churches)는 1948년에 에큐메 니컬 운동을 위해 결성된 협의회입니다. 네덜란드 암스테르담에서 정교회, 성공회, 개신교 대표자들이 모여서 결성했습니다. 전 세계적으로 약 120여 개 국 349개 교회 단체들이 회원 교단으로 참여하고 있어서 세계에서 교회 단체로서는 최대 규모입니다. 한국 교회에서는 장로교 중 한국기독교장로회, 대한예수교장로회(통합), 기독교대한감리회, 구세군대한본영, 대한성공회, 기독교대한복음교회, 한국정교회와 단체로는 한국기독교교회협의회(N.C.C.K.)가 회원 교단과 단체로 참여하고 있습니다.

한국 교회와 성도들에게 W.C.C.가 입에 오르게 된 것은 아마도 1959년 대한예수교장로회 제44회 총회 시 W.C.C. 탈퇴 문제로 합동과 통합이 서로 갈라서게 된 시점이라고 할 것입니다.

에큐메니컬 운동이 W.C.C. 결성의 목적입니다. 아이러니컬하게도 바로 에큐메니컬 운동 때문에 합동측과 통합측이 서로 분열되었습니다. 에큐메니컬 운동은 어떤 운동입니까? 한국 교회의 선도자라고 할 수 있는 한경직 목사는 그의 《우주시대와 신앙생활》에서 에큐메니컬 운동에 대해서 이렇게 말했습니다.

"에큐메니컬 운동 하면 간단히 말해서 두 가지 사상이 있습니다. 하나는 온 세계까지 가서 예수님 말씀대로 복음을 전하자. 또 하나는 온 세계 교도들이 어떻든 연합해서 하나가 되자. 그것뿐입니다. 그러면 에큐메니컬이라고 하는 운동은 무슨 신신학新神學 운동도 아니고 용공容共도 아니고 다른 것도 없습니다."

—박용규 교수의 《한국기독교회사》에서

W.C.C.의 회원 교회들의 다양한 모습과 에큐메니컬 정신에서 짐작할 수 있듯이 W.C.C.는 종교 다원주의를 그 밑바탕에 깔고 있다는 사실이 그들의 사역에서 분명히 드러나고 있습니다.

W.C.C.의 다원주의적 동향은 1928년 예루살렘에서 개최된 제2차 세계선교협의회(I.M.C.)에서 이미 나타났으며 이동주 교수는 '종교 다원주의와 종교신학'에서 1961년에 개최한 제3차 W.C.C.총회에서 종교 다원주의가 다시 활기를 띠게 되었다고 밝히고 있습니다. 더욱이 종교 간 대화와 다원주의가 종교 혼합주의라는 것은 1973년 방콕에서 열린 제2차 세계 선교와 복음화 대회(C.W.M.E.)에서 분명해졌습니다. 당시 이 대회의 개최 연설자는 세계불교연합회 회장 디스쿨 푼 프리스마이(Diskul Poon Prismai) 여사였습니다. 그녀는 기독교와 타종교들은 겉모양은 다르나 다 같은 목표에 도달한다는 다원주의적 입장을 말했습니다.

이와 같은 종교 다원주의적 운동을 활발히 전개하는 W.C.C.의 입장에 대해서 세계의 모든 교회들이 한결같이 찬성하는 것은 아닙니다. 그 반대적 입장을 취하는 운동도 일어나게 되었습니다.

1974년 '세계복음화국제대회'에서는 W.C.C.에서 추구하는 다원주의적 대화 형태의 혼합주의를 반대하는 '로잔 언약(The Lausanne Covenant)'을 발표했습니다. 1975년에는 서울에서 개최된 '범아시아 선교협의회'에서 '서울 선언문'을 발표했습니다. 이들은 한마디로 W.C.C.의 종교 다원주의는 결국 "다른 복음"(갈 1:6~9)이라는 사실을 명백하게 밝혔습니다.

세계교회협의회(W.C.C.)의 제10차 총회가 2013년 한국 부산에서 열리게 됨으로써 그동안 잠잠했던 W.C.C.에 대한 관심이 재개되었습니다. 사람에 따라서는 이번 W.C.C. 부산 대회를 '기독교 올림픽'이라는 좋은 이미지를 갖게 하는 이름까지 붙여 주고 있습니다.

　앞에서 살핀 바와 같이 통합측과 갈라선 합동측은 W.C.C.의 영구 탈퇴를 선언했습니다. 고려총회 역시 W.C.C.를 사탄적 재앙으로 규정했습니다.

　한국 개신교회를 이끄는 두 개의 단체가 있다고 보면 한국기독교교회협의회(N.C.C.K.)와 한국기독교총연합회(한기총)라고 할 것입니다. 이 두 개의 단체는 W.C.C.에 대한 입장이 확연이 다릅니다. 한국기독교교회협의회는 두말할 것 없이 W.C.C를 대변하는 기관이라고 할 수 있습니다. 한기총은 이에 맞서 W.E.A.(세계복음주의연맹)의 2014년 총회 유치를 위해서 준비하고 있습니다.

　박형용 교수는 "W.C.C. 부산 총회에 대해서 한국 교회가 감정적인 대응을 하기보다는 그들의 신학적인 잘못이 무엇인지를 연구하고 지적하는 것이 선행되어져야 한다"고 했습니다(국민일보, 2009. 11. 8).

　이 시대에 한국 교회가 주의하며 경계할 것이 바로 종교 다원주의이며 이 사상을 앞세우는 단체는 그것이 W.C.C.이건 또 다른 형태이건 상관할 것 없이 단호해야 합니다. 그럼에도 불구하고 대립보다는 협력하고 제3의 길을 찾아보자는 약간은 느슨한 태도를 보이는 소위 '복음주의자'로 자처하는 신학자들과 목회자들이 있다는 것 역시 부끄러운 일이라고 할 것입니다.

(2) 이슬람 세력의 동진

이슬람에 대해 우리들이 가지고 있는 지식은 매우 빈약하기 짝이 없습니다. 중·고등학교에서 배운 것이 전부입니다. 마호메트(Muhammad), 코란(Koran 꾸란), 메카(Mecca), 십자군 전쟁, 그리고 2001년 미국 뉴욕에서 발생한 세계무역센터(World Trade Center)에 대한 911 테러 사건 등 몇 가지 단어들을 아는 정도에서 더 이상 벗어나지 못하고 있습니다. 또한 중동의 뜨거운 사막 속에서 더위와 싸우면서 일하는 한국 노동자의 영상을 가끔 보았거나 아니면 서울 이태원의 이슬람 모스크(mosque)를 한남대교에서 바라본 정도입니다.

① 이슬람의 접근

"2009년 봄 학기, 총신대학교에서 강의를 하기 위해 영국에서 귀국했다. 귀국한 다음날 학교로 가는 길에 택시를 탔는데, 오랜만에 모국어로 복음을 전하고 싶어서 기사님에게 말을 걸었다. "기사님, 교회 나가 보셨어요?" 나를 힐끔 쳐다보던 기사님은 이렇게 말했다. '선교사님이시지요?' '예, 어떻게 아셨어요?' '콧수염 달고 총신대학교에 가자고 하면 선교사님이지요.' '그럼, 기독교인이시군요.' '예전에 기독교인이었는데 지금은 이슬람으로 개종했습니다.' 나는 충격을 받았다. 언젠가 이런 날이 올 것이라는 생각은 했지만 벌써 이슬람이 다가왔다니! 사연을 들어보니 그분은 서울 중견 교회의 안수집사였다고 했다. 그것도 투표에서 1등을 했단다."

이상의 글은 유해석 선교사가 쓴 《우리 곁에 다가온 이슬람》(2009)의 머리말의 첫대목입니다.

이제는 '가깝고도 먼 이슬람'이 아니라 우리들의 삶과 사회 깊숙이 들어온 이슬람이라는 것을 여러 가지 국면에서 느낄 수 있습니다. 또 한 가지 예를 들자면 2009년 대학수학능력시험에서도 아랍어를 선택할 수 있는 단계에 이르렀습니다. 수험생들 중에서 제2외국어로 아랍어를 선택하면 점수를 많이 얻을 수 있다고 해서 아랍어 응시자가 무려 29,278명(29%)이나 된다는 언론 보도가 있었습니다. 한국 교회는 모슬렘의 세력을 외면하거나 남의 일처럼 무관심해서는 안 될 시점에 왔다는 것을 깨달아야 하겠습니다.

세계복음주의리서치센터의 2009년 통계 발표에 의하면 전 세계 통합 기독교인(개신교, 가톨릭, 정교회 등)은 약 22억 명이고 모슬렘은 약 14억 명입니다. 기독교 인구가 39퍼센트를 차지하기는 하지만 모슬렘 역시 26퍼센트로 기독교를 바짝 뒤쫓고 있습니다. 중동 지역이 아닌 인도네시아, 파키스탄, 인도 등 아시아 지역에 산재한 모슬렘은 전체 인구의 60퍼센트 이상이나 됩니다. 유럽 역시 모슬렘 약 3천 800만 명이 거주하고 있어 유럽 인구의 5퍼센트에 달하고 있습니다. 다시 말하면 이슬람은 세계에서 가장 빨리 성장하는 종교입니다.

② 이슬람의 국내 확산

유해석 선교사의 글에 따르면, 한국 내 외국인 체류자는 2008년 12월 말 1,158,866명에 달하고 이 가운데 모슬렘권에 속하는 인도네시아인이 28,696명, 우즈베키스탄인이 21,588명, 방글라데시인이 12,154명, 그리고 파키스탄인은 10,044명 순입니다.

국내에는 9곳의 이슬람 사원과 7개의 이슬람 센터 그리고 60여 개의 무쌀라(기도처)에서 이슬람 교도들의 모임이 있다고 합니다.

한국과 정식으로 외교 관계를 맺고 서울에 공관을 설치하고 있는 이슬람 국가만도 21개국에 이르고 있습니다.

이슬람 지역에 파송된 선교사들은 여러 가지 형태일 것입니다. 실제로 그들이 어떻게 선교 사역을 하는지는 잘 알 수 없으나 경우에 따라서는 생명을 건 사역이라는 것을 우리는 잘 알고 있습니다. 이전에도 그러했거니와 이슬람권의 선교는 매우 힘들기에 선교사들까지도 외면하는 것이 사실입니다.

그런데 이에 비해서 선교 강국으로 소문난 한국에는 얼마나 많은 모슬렘의 선교 사역자들이 입국했는지 알기가 어렵습니다. 분명한 것은 그들은 자기들만의 독특한 방법으로 꼭 선교라는 말을 사용하지 않으면서도 그들의 종교와 모슬렘 세력을 확산해 가고 있다는것입니다. 한 가지 예를 든다면, 모슬렘 여인들은 반드시 모슬렘 남성과 결혼하며 평균 6명의 아이를 낳는다고 합니다. 교육 문제에 있어서도 카이로의 명문 대학인 알이자르 대학교의 신학부에 입학하기 위해서는 코란(꾸란) 전체를 암기해야 한다고 합니다. 바로 이런 자들이 세계 각국으로, 한국으로 들어온다고 가정해야 할 것입니다.

이와 같은 은밀하고도 공세적인 이슬람에 대한 한국 교회의 대응은 어떠합니까?

한국복음주의협의회는 '기독교와 이슬람'이라는 주제로 발표회를 가졌습니다(2009. 10. 9). 강사 중 강승삼 한국세계선교협의회(K.W.M.A.) 사무총장은 발제 연설에서 "모슬렘을 움직일 수 있는 것은 설교나 논쟁이 아니고 겸손히 상대방을 인정하고 존중하는 사랑"이라고 했습니다. 이에 대해서는 여러 가지로 말할 수 있습니다. 그런데 한국 교회의 선교 지도자들을 포함해서 신학자들의 상당수가 대화, 존중 그리고 사랑으로 모슬렘을 대해야 한다고 주장합니다.

물론 이와 같은 말들은 매우 듣기 좋은 것이지만 이슬람과 기독교가 공존한다는 것은 상상할 수도 없습니다. 이 두 종교는 섬기는 신이 다르듯이 결코 만날 수 없는 전혀 다른 정체성을 가지고 있습니다. 이를 익히 알면서도 기독교 지도자들이 모호한 말로 진실을 가려서는 안 될 것입니다.

한국 교회가 반드시 해결하고 넘어가야 할 도전들은 세속화뿐만 아니라 자유주의 신학이라는 사실을 한시도 잊어서는 안 될 것입니다.

3. 한국 교회의 미래

한국 교회에 적극적으로 호감을 가진 사람은 비기독교인 10명 중

1명이 채 되지 않습니다(7.2%). 그리고 10대의 학생들은 거의 절반(46.5%)이 기독교에 전혀 호감이 없습니다. 이는 교육부와 교육개발원이 지난 3개월 동안 기독교인과 비기독교인 1,258명을 대상으로 설문 조사한 결과입니다(2009. 10. 26).

기독교회에 대한 언론의 태도는 매우 비판적입니다. 신문뿐만 아니라 방송 매체 그리고 심지어 포털 사이트를 통해서 안티 기독교의 글들이 수도 없이 난무하고 있습니다.

물론 이들이 기독교를 향해 던지는 질문이나 보도가 100퍼센트 사실적인 것은 아니라고 할지라도 입에 쓴 약으로 받아들여야 할 부분이 있습니다.

(1) 한국 교회에 대한 부정과 긍정의 두 시각

과거에는 《21세기 세계는 어디로 가는가》(이원설, 박종구), 《21세기 개혁교회는 살아 남을 것인가》(정성구), 《한국 교회, 무엇이 문제인가》(이원규)와 같이 책의 제목들이 그런대로 순순했습니다.

그런데 어느 사이엔가 한국 교회에 대한 글이나 책들의 제목이 원색적이고 아주 매서워졌습니다. 요사이는 《심리학에 물든 부족한 기독교》(옥성호), 《기독교, 세상의 함정에 빠지다》(박순용), 《맞아 죽을 각오로 쓴 대형 교회 비판》(조엘 박), 《메가 처치 논박》(신광은) 같은 책들이 기독교 서점의 베스트셀러 서가에 자리 잡고 있습니다.

물론 《한국 교회 미래 리포트》(한미준, 한국갤럽), 《한국 교회 희망 보고서》(김승호), 《한국 교회를 향한 시대적 물음》(이억주), 《교회만이 희망이다》(홍성욱), 그리고 《예배가 살아야 교회가 산다》(김승연) 등과 같은 나름대로 한국 교회의 밝은 미래를 위한 길을 제시하고 있는 책들도 있습니다.

한국 교회의 현재와 미래를 어느 시각으로 보았든지 간에 그들이 한국 교회를 사랑하고 있다는 사실은 두말할 것이 없습니다. 긍정적 시각이든 아니면 부정적 시각이든 모두 한국 교회를 위해서 필요합니다. 조엘 박 역시 그의 책에서 "항상 비판은 쉬운 것입니다. 그러나 대안을 제시하는 것은 정말 어려운 부분입니다"라고 했습니다.

'조류 충돌'(Bird Strike)이라는 말을 가끔 듣게 됩니다. 이는 새가 비행기 동체에 부딪히거나 엔진에 빨려들어가 사고를 일으키는 현상을 말합니다. 1.8킬로그램의 새가 시속 960킬로미터로 비행하는 항공기와 부딪치면 64톤 무게의 충격을 주는 것과 같다고 합니다.

우리나라의 경우 1991년부터 2009년 9월까지 총 368건의 조류 충돌이 발생함으로 인해 발생한 재정 손실만 150억 원에 달했다고 합니다.

이 버드 스트라이크를 방지하기 위해서 호루라기나 꽹과리, 엽총 등 여러 가지 방법을 동원하여 공항 주변에서 날아다니는 새들이나 또한 철 따라 이동하는 철새들을 쫓거나 사살하는 일들을 전담하는 이들이 있습니다.

비행 사고를 막은 또 하나의 경우가 있었습니다. 운행하던 비행기에서 연료가 새는 사실을 승객 중 한 사람이 발견하여 대형 사고를 막은 일이 시카고(Chicago)를 떠나 도쿄(Tokyo)로 향하던 유나이티

드 항공 보잉 747에서 있었습니다. 고가의 비행기를 잃지 않은 것은 물론이고 승객 300명이 무사히 샌프란시스코 공항에 비상 착륙했습니다(2009. 5. 22).

한국 교회가 안전하게 비행하기 위해서는 비행기 밖에서든 아니면 비행기 안에서든지 사고를 막는 방법이 모두 동원되어야 합니다. 우리 한국 교회를 사랑의 시각으로 살펴보면 희망의 기운과 씨앗이 있습니다. 한국 교회에 대한 비판적인 글이나 책까지도 따지고 보면 마치 자동차의 안전을 위한 경고등과 같은 것입니다.

한국 교회의 미래를 위한 대안을 많은 사람들이 제시하고 있습니다. 사람들마다 이런저런 방안을 말합니다. 거듭 말하거니와 패배주의나 회의론적 결정론으로 흐르는 것은 신앙적인 대안이 아닙니다.

(2) 한국 교회의 밝은 미래를 위한 대안

한국 교회의 문제 해결을 위한 무슨 새로운 대안이 없을까 성도들은 고민합니다. 이는 너무나도 당연한 심리입니다. 한국 교회의 밝은 미래를 위한 대안이 없는 것은 아닙니다. 이는 새로운 것이라기보다는 가장 근원적인 대안이라고 해야 옳을 것입니다. 이 시점에서는 새로운 것보다 근본적인 처방이 더욱 필요합니다.

① 바른 신학을 정립해야 합니다.

종교개혁의 역사는 결국 신학을 바르게 세우자는 운동이었습니다. 교황청의 부패와 타락을 막아 보자는 개혁 역시 필요했습니다. 종교

개혁을 이뤄 가기 위해서 여러 가지 구호가 동원되었습니다. 그런데 이 모든 것들의 기초는 바로 성경으로 돌아가자는 'Sola Scriptura'였습니다.

김의환 교수는 '한국 교회 미래 어둡지 않다'는 글에서 "목회를 지망하는 신학생들이 넘치는 상황입니다. 이와 같은 풍부한 인적 자원이야말로 한국 교회의 저력입니다"라고 했습니다.

한국 교회에는 신학교도 많을 뿐 아니라 신학 교수도 많습니다. 서구의 교회나 이웃 일본의 교회와 비교하면 행복한 일입니다. 그럼에도 불구하고 한국 교회의 문제들이 해결될 기미가 보이지 않는 것은 어찌 된 일입니까?

백석대학교 설립자인 장종현 목사는 "신학은 학문이 아니다"라는 말을 했습니다(국민일보 2009. 10. 29). 단순히 학문을 전달하고 배우는 것이 아니라 생명을 살리는 신학이 필요하다는 것을 역설적으로 표현한 것이라고 생각됩니다. 이는 신학이 학문적으로만 발전하기보다는 신학이 제자리를 찾아 가야 한다는 의미일 것입니다.

그렇다면 신학의 자기 자리는 어디입니까? 일반적으로 우리가 교회사에서 말하는 바를 따른다면 아마도 바울, 어거스틴, 루터 그리고 칼빈의 신학이라고 할 수 있을 것입니다.

② 바른 예배가 회복되어야 합니다.

서구 교회의 몰락은 바로 서구 교회의 예배로 나타나고 있습니다. 유럽을 여행하다 보면 자연스럽게 성당이나 예배당을 가게 됩니다.

예배드리기 위해 가는 경우도 있으나 대개는 관광 코스로 잡혀 있어서 들르는 것입니다.

한목협(한국목회자협의회)에서 조사 발표한 바에 따르면 "한국 교회가 미래를 위해 우선적으로 해결해야 할 내적 과제는 무엇이 있을까?"라는 질문에 응답자 중 62.3퍼센트는 '예배의 회복'을 첫째로 꼽았습니다(뉴스엔 조이 2007. 6. 17).

오랫동안 유럽에서 선교 사역을 한 바 있는 김승연 목사는 《예배가 살아야 교회가 산다》에서 "누가 예배를 사라지게 하는가?"라는 질문을 던졌습니다. 그는 목사, 장로, 권사, 집사들이 예배를 사라지게 한 장본인이라고 했습니다. 다시 말하면 우리 모든 성도들이 예배를 사라지게 한 책임에서 벗어날 수 없다는 것입니다.

한국 교회는 결코 유럽이나 미국의 텅빈 교회를 강 건너 불구경하듯이 할 일이 아닙니다. 통계청에 따르면 기독교인 10명 중 4명이 주일에만 교회를 출석한다는 보고서를 냈습니다. 그런데 이보다 더욱 심각한 것은 한국 교회의 교회 학교(주일 학교) 학생들의 감소 현상입니다. 마치 쓰나미가 오기 전의 현상 같아서 말문이 막힐 정도입니다.

우리 한국 교회의 힘은 기도와 예배에서 나왔습니다. 과거에는 목회자의 설교 중에서, 그리고 장로의 대표기도 중에서 항상 강조되었던 것이 '성수주일'이었습니다. 이것을 생명처럼 생각했습니다. 그런데 오늘의 한국 교회의 현실은 어떻습니까?

어느 사이엔가 메가 처치부터 저녁 예배가 사라지더니 이제 와서는 작은 교회나 큰 교회나 할 것 없이 오후 예배라는 말이 생겨나면서 주일 저녁 예배가 사라지고 있는 형편입니다. 다음 차례는 수요 기도회입니다. 분당의 어떤 교회에서는 아예 수요 저녁 예배까지 폐지했다고 합니다.

그런데 교회 안에서 예배는 사라지고 바로 그 자리에서 세상에서 말하는 이벤트 행사는 여러 가지 모양으로 행해지고 있습니다. 설교 강단이 무대가 되어 가고 있습니다.

필립 얀시는 《교회, 나의 고민 나의 사랑》에서 "교회는 무엇보다도 하나님을 예배하기 위해 존재한다. 이 점에 미치지 못하면 교회는 무엇에도 미치지 못한다"고 했습니다. 아무리 별 수단을 다 써 본다고 해서 되는 것이 아닙니다. 이것만은 틀림없습니다. 누가 뭐라고 해도 예배가 제대로 회복되면 한국 교회는 새 힘을 얻을 것이 분명합니다.

③ 역사의식 바로 세우기를 해야 합니다.

민경배 교수는 그의 《한국 기독교사》에서 "한국에서 프로테스탄트교改新敎가 성공한 직접적인 동기와 또 한국 개신교의 초기 신앙 형태를 형성하게 한 이중二重의 근거 노릇을 한 것은 경건주의와 복음주의이다"라고 했습니다.

이 말을 바꿔 말하면 이제까지 한국 교회는 초기 선교사들에게서 경건주의와 복음주의를 배웠고, 이로 말미암아 오늘날의 한국 교회의 부흥을 이루었다는 뜻입니다.

한국 교회가 1907년의 부흥운동을 자랑스럽게만 생각할 것이 아닙니다. 역사로서의 평양 대부흥운동을 외칠 것이 아니라는 말입니다.

과거 한국의 기독교는 한글의 재발견, 구습의 개혁 그리고 여권 신장은 물론이고 이 민족의 역사 속에서 고난을 함께하는 동반자였습니다. 그리고 수많은 민족의 지도자를 배출했습니다.

이 시대의 한국 교회의 지도자들은 이 세상의 변화를 읽고 대처해야 합니다. 과학의 발달로 인한 사회의 변화는 하룻밤 사이에도 엄청난 사건들이 터져 나오게 하고 있습니다.

공무원, 교사 그리고 목사들이 가장 마지막으로 변화하는 계층에 속한다는 말이 있습니다. 이것이 사실이 아니길 바랍니다.

이전의 역사의식이 과거 역사를 거울로 하여 현재를 바라보는 것이었다면, 이제는 미래를 바라보면서 오늘의 현실을 직시해야 하는 방향으로 바뀌었습니다.

④ 성령의 역사가 일어나야 합니다.

한국 교회 성도들은 성령 하나님을 함부로 대하는 경향이 있습니다. 성령님 앞에 우리 한국 교회는 다시금 무릎을 꿇어야 합니다. 인간들이 아무리 백 번을 모여서 의논하고 세미나를 한다고 해서 한국 교회가 변화될 리는 만무합니다.

처음부터 성령 하나님의 역사를 바라야 합니다. 한국 교회의 변화는 한국 성도들의 변화에서 출발해야 합니다. 이 문제는 서로 비난하거나 구호를 외친다고 해서 해결될 문제가 아닙니다. 사도행전과 1907년 대부흥운동에서 보는 것과 같이 기도하며 회개함으로써만 가능한 일입니다.

성령님의 역사가 우리 한국 교회에 절실하다는 이야기는 더 이상 언급하지 않겠습니다. 다만 우리 한국 교회가 바르게 나아가기 위해서는 지도자들의 마음이 모아져야 합니다. 사회운동이나 경제 활동을 하는 단체 그리고 학문의 영역에서는 팀워크가 잘 이루어지는 것을 봅니다.

이전에 사랑의 교회 옥한흠 목사가 《평신도를 깨운다》라는 책을 써서 한국 교회의 평신도에게 큰 도전을 주었습니다. 그 후편으로 《목회자를 깨운다》라는 책이 나오지 않는 것이 못내 아쉽습니다.

맺는말

"어느 날 아침 일찍 침대에 누운 채 야만인의 출현으로 겪게 될 위험에 고민하여 무척 괴로워하고 있었다. 이때 '환난 날에 나를 부르라 내가 너를 건지리니 네가 나를 영화롭게 하리로다'(시 50:15)란 성경 말씀이 머릿속에 떠올랐다. 이 구절이 떠오르자 마음이 평안해질 뿐 아니라 새로운 계시와 용기를 얻었고 하나님께 '구원해 주소서'라고 열심히 기도를 올릴 수 있었다. 기도를 마치자 성경을 펴서 읽기 시작했는데 펴 놓은 첫 구절은 '너는 여호와를 바랄지어다. 강하고 담대하여 여호와를 바랄지어다'(시 27:14)라는 말씀이었다. 이 말씀에 답하듯 감사하는 마음으로 성경을 내려놓았다. 이젠 슬프지 않았다. 적어도 이때만은 조금도 슬퍼하지 않았다."

이 글을 읽으면서 곧바로 짐작하신 분도 계실 줄 압니다. 위의 글은 다니엘 디포(Daniel Defoe)가 쓴 로빈슨 크루소(Robinson Crusoe)의 내용 중에서 따온 글입니다.

로빈슨 크루소는 무인도에서 "성경 말씀이 떠올랐다", "성경을 펴서 읽었다"고 했습니다. 물론 이는 소설 속의 이야기입니다. 그렇지만 다니엘 디포가 말하고자 하는 것이 무엇인지를 알 수 있습니다.

날마다 이른 아침이면 큐티(Q.T.)로 하루를 열어 가는 우리 젊은이들이 있음을 기억해야 하겠습니다. 이들이 바로 우리의 희망입니다. 고훈 목사님의 목회 일기를 소개하고자 합니다.

> 저녁 식사 초대받아
> 집사님 집에 갔다.
> 식탁 위에 깔아 놓은 유리 사이에
> 사진 한 장 돋보였다.
> 해지는 국민학교 운동장
> 잿상 위에는
> 돼지 머리, 수박, 참외, 과자, 떡으로

널려 있고
야구 방망이, 글러브, 공, 유니폼
한쪽에 재켜 있는데
야구 코치 선생님 서서 무서운
눈으로 지켜보고
열다섯은 넘는 아이들 모두
절하고 있는데
그 가운데 한 아이만이 그냥
서 있었다.

목사님
여기 홀로 서 있는 아이가
국민학교 오 학년 다니는 제 아들입니다.
우상 앞에 절할 수 없다고
서 있는 거예요
장하지요.
집사님
사진을 보노라면
밥 안 먹어도 배부르시겠어요.

무엇이 이 아이를 홀로
서 있게 했을까?

서슬 퍼런 코치 선생님
무섭지 않았을까?
친구들에게 따돌림 받을 것
걱정되지 않았을까?

누가 이 아이를 홀로 서 있게 했을까?
예수였다.
예수 바로 만나면
세상 어떤 두려움 앞에서도
무릎 꿇게 안 하리라.

이상의 글은 고훈 목사님의 《소중한 외출》 중 목회 일기1에서 따온 글입니다.

예수를 만난 아이 그리고 야구 선수의 아버지뿐만 아니라 그들이 출석하는 교회의 목회자, 이 모두는 행복한 사람들입니다. 한국판 다니엘서를 읽는 것 같아서 자랑스럽기만 합니다.

한국기독학생회(I.V.F.)에서 한 권의 책을 선물로 받았습니다. 이 책의 저자는 미국 교회와 한국 교회에 큰 영향을 끼치고 있는 레너드 스윗(Leonard Sweet)입니다. 나에게 이 책은 큰 감동을 주었습니다. 그 이유는 그 책의 한국판 제목이 《가장 고귀한 세 단어 I LOVE YOU》였기 때문입니다.

레너드 스윗은 그의 책머리를 이렇게 시작합니다. "이 책은 제목

값을 톡톡히 했다. 이 세 단어는 가장 바로 알기 어려운 단어일 뿐 아니라 내가 책을 쓰기에 가장 어려운 단어이기도 했다."

저는 이분의 책 제목을 이렇게 바꿔 쓰고 싶습니다. 《나는 당신을 사랑합니다》에서 《나는 한국 교회를 사랑합니다》로 말입니다. 사랑이 문제 해결의 열쇠입니다.

우리 성도들의 바람이 있습니다. "여호와여 우리를 주께로 돌이키소서 그리하시면 우리가 주께로 돌아가겠사오니 우리의 날들을 다시 새롭게 하사 옛적같게 하옵소서"(애 5:21).

한국 교회의 세습 문제

　근간에 이루어지고 있는 대형 교회의 세습은 한국 개신교 내에서 새롭게 드러난 현상입니다.

　세습이라고 하면 "그 가문에 속하는 신분, 재산, 직업, 권리 등을 자손대대로 물려주는 일"이라 하겠습니다. 그런데 공산주의 사회에서만큼은 전혀 가능할 수 없으리라 생각했는데 바로 북한에서 세습이 이루어졌습니다. 1994년 김일성 주석의 갑작스런 사망으로 말미암아 북한의 정권이 흔들릴 줄 예상했는데 그 아들 김정일이 국방위원장으로서 아버지의 대를 이어 그들이 주장하는 바 혁명 위업을 계승하게 되었습니다. 사실 이와 같은 북한 정권의 세습은 근 20여 년 동안의 준비 작업이 있었기에 가능했습니다. 이를 지켜 본 한국인과 성도들은 '한국 교회 세습'이란 말을 들었을 때 어떠한 감정을 느꼈겠습니까?

자라 보고 놀란 가슴 솥뚜껑 보고도 놀라는 심정이었을 것입니다. 그런데 예상된 대로 서울의 대형 교회 중 몇몇 교회에서 법적 그리고 형식적인 절차에서 만큼은 아무런 문제가 없다고 하지만 여러 가지 문제점을 남기면서 담임목사직의 대물림이 이루어졌습니다.

이와 같은 과정 가운데 기독교 단체 중의 하나인 기독교윤리실천운동과 〈복음과 상황〉이라는 잡지는 앞장서서 '목사직 세습'의 부당성을 신랄하게 비판하고 나섰습니다.

'교회 세습', '목사직 세습', '목회자 세습', '목회자 대물림', '목회 승계' 등의 용어는 꼭 같은 의미를 가지는 말은 아니지만 사람에 따라 여러 말로 표현되고 있습니다. 한국교회언론회가 설문 조사한 결과에 따르면 "세습이라는 용어 선택이 적절하다고 생각하는가?"라는 질문에 대해 응답자 116명 중에서 15퍼센트인 18명이 적절하다고 답했고, 84퍼센트인 98명이 부적절하다고 답했습니다(《한국 교회를 향한 시대적 물음》, 이억주 지음). 세습이라는 용어 자체는 매우 부정적인 의미를 내포하고 있다는 사실만은 서로가 인정해야 할 것입니다. 제 입장에서는 '담임목사직 대물림'이라고 해야 가장 정확한 표현이 아닐까 생각합니다.

따져 보면 기윤실이나 교회개혁실천연대 그리고 〈복음과 상황〉이 한국 교회의 현실을 직시하고 한국 교회의 먼 장래를 위해서 목소리를 높였던 것은 사실입니다. 물론 이 같은 현상에 대해 경고의 나팔을 부는 것은 여러 사람이 수긍하는 부분이 있지만 현실의 상황에서는 복음 전도에 방해가 되는 일도 발생하게 됩니다. 자칫 잘못하다가는 결과적으로 하나님의 영광을 가리는 일이 예상치 아니하게 생겨날 수도 있다는 것을 염두에 두어야 할 것입니다.

한국 교회의 세습이 과거에는 만 명 정도의 초대형 교회에서 이루어졌으나 최근에는 천 명 단위의 중대형 교회에서 자주 이루어지는 것을 보면서 또다시 한국 교회 세습의 문제가 수면 위로 떠오르는구나 생각해 보니 머리카락이 설 정도로 긴장이 되었습니다.

세습의 형태는 여러 가지로 나타나고 있습니다. 한국 교회의 경우 초기에는 아버지가 아들을 후계자로 삼는 형태였습니다. 또한 혈연적 세습은 아들에게만이 아니라 사위에게 승계시키는 것도 있습니다. 뿐만 아니라 전임자와 후임자가 혈연관계가 아니더라도 전임자가 영향을 끼칠 수 있는 이를 선정하는 경우도 있습니다.

감리교회는 목회자를 지역교회에 파송하는 정치(행정) 제도를 가지고 있었습니다. 그런데 한국 감리교회의 경우는 파송제에서 초빙제로 그 형태를 바꾸었습니다. 그런 시각에서 보면 감리교회에서조차도 교회 세습이 이루어지고 있는 것은 여러 가지로 시사하는 바가 크다고 할 수 있을 것입니다.

한마디로 '한국 교회의 담임목사 대물림'은 반드시 해결해야 할 과제이긴 하지만, 그 해답은 손쉽게 나올 것이 아니라는 점이 모든 사람들의 한결같은 생각일 것입니다. 왜냐하면 이에 대해 전적으로 찬성하는 사람이 있는가 하면 목을 걸고서라도 반대하는 사람이 있기 때문입니다.

역사의 객관적 기술이 역사가의 임무에 속한 것이면서도 그것이 이론과 다르게 실제적으로 가능하지 않은 것처럼 한국 교회 세습의 문제 역시 쉽사리 해결되지 않을 문제입니다.

목회자는 목회자 나름대로, 평신도는 평신도 나름대로, 또한 신학에 있어서도 진보와 보수적 입장에서 뿐만 아니라 세대 간에 젊은이와 기성세대 간의 생각들의 차이가 현격하게 다른 양상으로 나타나고 있습니다.

김명용 교수는 '목회자의 세습에 대한 비판'에서 세습을 반대하는 이유를 신학적 입장에서 밝혔습니다. 여기에 간단히 그 요지만 소개하고자 합니다.

첫째, 목회자 세습은 사도신조의 공교회의 정신에 위배된다. 교회는 만민의 교회이지 어떤 집단이나 개인이 주인일 수 없다.

둘째, 목회자는 세습하는 것이 아니고 성령께서 부르신다는 것이다. 교회 직분은 그것이 목사직이든 장로직이든 감독직이든 집사직이든 성령의 부르심이 핵심이다.

셋째, 목회자의 세습은 교회 안에 예수 그리스도 외에 다른 주인이 있다는 의미를 가진다. 교회의 머리는 당연히 예수 그리스도이며 또한 교회의 주인 역시 예수 그리스도일 뿐이다.

넷째, 목회자의 세습은 하나님 나라의 거울로서의 교회의 모습을 치명적으로 파괴시키는 행위다.

김명용 교수는 목회자의 세습은 한마디로 불의하다고 결론짓고 있습니다.

이에 반하여 석원태 목사는 '교회는 세습이 없다'는 글을 통해서 세습에 대한 자신의 입장을 네 가지로 나누어서 논했습니다.

　첫째, 신구약 성경에 '세습'이라고 하는 말이 없다.

　둘째, 교회는 복음 증거를 위하여 주님이 친히 세우신 거룩한 공동체이기 때문에 세습이라는 말은 합당하지 않다.

　셋째, 장로교회의 경우 헌법에 세습 제도가 없다. 장로교회는 민주적인 헌법의 절차에 따라 각 지교회가 담임목사를 세우기 때문이다.

　넷째, 한국 교회의 120년 역사 중에 부자 계승의 목회는 아름다운 축복의 전통이기 때문이다.

　목회자 세습에 대한 찬성과 반대 그리고 비판과 옹호에 대한 글과 주장들은 많이 있습니다. 그러나 여기에서는 다만 두 사람의 글로써 대신하고자 합니다.

　이처럼 목회자의 세습에 대한 생각과 주장이 서로 다릅니다. 이는 서로의 관점의 차이(perspective)가 있기에 어쩔 수 없는 것이라 할 것입니다. 이제는 이 문제에 대해서 눈 딱 감고 넘어갈 수 없습니다. 그렇다고 해서 계속적으로 서로가 이 문제로 갈등을 일으켜 한국 교회와 성도들에게 상처를 주어서는 안 될 것입니다.

　"면도기의 안전한 각도는 45도가 적당하다"는 말은 상식입니다. 혹간 비판할 일이 있더라도 이 각도만은 기억해 주시길 바랄 뿐입니다. 요점은 한국 교회의 세습의 문제는 하나님의 영광을 가리거나 주님의 몸된 교회와 그 안의 공동체인 성도들과 목회 사역자들이 상처 받지 않도록 기도하는 마음으로 풀어 가야 합니다.

분명한 것은 이 문제야말로 성경적, 신학적, 교회사적 그리고 목회실천적인 면에서 따져 보아야 할 부분이 있다는 것입니다. 특별히 교회론적인 입장에서 서로간의 견해 차이가 좁혀져야 할 것입니다.

이와 같은 여러 가지 연구와 작업이 필요하다는 것만 알았지 여기에서 구체적인 방안을 제시하고자 하는 것은 아닙니다. 가만히 생각해 보면 한국 교회의 세습 문제가 풀리려고 하면 예상 외로 쉽게 풀릴 수도 있습니다.

몇 가지 그 해결점을 생각해 보고자 합니다. 먼저는 상식선에서 이 문제를 풀어 가야 할 것입니다. 한국 교회 세습의 문제는 누구나 인정하듯이 작은 교회 그리고 농어촌 교회에서 아버지의 뒤를 이어 힘든 목회의 길을 가는 자는 예외로 하고 있습니다.

한국 교회의 80퍼센트 이상은 100명 미만의 성도를 가지고 있는 교회이며 성도가 1,000명 이상 되는 교회는 겨우 1퍼센트도 안 된다는 통계가 발표된 적이 있었습니다. 그런 의미에서 한국 교회 세습은 매우 제한된 범위 안에서 발생하고 있습니다. 그러나 몇몇 대형 교회에서 행해지는 이 일이 한국 교회 전체에 미치는 영향은 지대하다는 것 역시 부인할 수 없는 사실입니다.

역으로 한국 교회 세습이 꼭 부정적인 면만 있는 것이 아니라는 점 역시 서로 인정해야 할 것입니다. 목회자 청빙이 신라시대의 골품제도를 연상시키는 '성골', '진골', '육두품'에 따라 결정된다는 것을 신학생들은 공공연하게 이야기한다고 합니다. 진정 이 같은 말은 경우에 따라서는 목회자 자녀들에게 상처를 안겨 주는 것입니다.

우리 주변에는 세습의 문제가 불거지면서 목사 자녀들 중에 목사가 되는 길을 아예 포기하는 이들도 생겨나고 있습니다. 이는 아무리 생각해도 잘된 일인지 잘못된 일인지 판단하기가 쉽지 않습니다.

오래 전 남서울교회(홍정길 목사 시무)의 자체 성도들을 위한 부부 세미나에 필자 부부와 하용조 목사 부부 그리고 선교사 부부가 외부인으로 참여한 바 있습니다. 김인수 교수와 김수지 교수 부부가 강사로 수고하는 부부 세미나였습니다. 그때의 감격은 전혀 새로운 것이었습니다. 지금까지도 잊혀지지 않는 강의의 내용은 다름 아닌 "부부의 게임은 제로섬 게임(Zero-Sum Game)이 아니라 소위 윈윈 게임(Win-Win Game)이 되어야 한다"는 말이었습니다.

바로 이 윈윈 게임의 원리가 교회 안에서 그리고 목회 세습에 대한 한국 교회 안의 찬반의 주장들 사이에서도 이루어졌으면 합니다. 새들은 두 날개로 날아갑니다. 어느 쪽도 귀하고 필요합니다.

다음으로, 해마다 치러지는 대학 수능고사에서 그렇게도 유명하다는 교수와 선생님들이 문제를 출제하고 검토하는 데도 정답이 하나가 아니라 복수 정답이 되는 경우가 해마다 한두 차례 일어나고 있는 것을 우리는 많이 보아 왔습니다. 한국 교회 세습의 문제 역시 정답은 하나가 아니라 둘일 수 있다는 것을 인정하고서 우리 모두가 한 걸음 뒤로 물러서서 다시 한 번 생각해 보았으면 합니다.

예컨대 성경에서도 "아브라함이 이삭을 낳고"(마 1:2)라고 함으로 남성인 아버지가 아들 이삭을 낳았다고 했는가 하면 "마리아에게서 그리스도라 칭하는 예수가 나시니라"(마 1:16)고 해서 처녀 마리아가 예수님의 육신의 어머니가 되었다는 사실을 강조한 경우도 있습니다. 그리고 아버지와 어머니 모두를 언급해서 "다윗은 우리야의 아내에게서 솔로몬을 낳고"(마 1:6)라는 방식으로 출생을 표시하기도 했습니다. 꼭 한 가지만 고집할 것이 아닙니다.

단언하자면 목사도 인간이기에 자기 나름대로는 옳다고 생각했지만 사실은 욕심의 그물에서 벗어나지 못할 경우도 있습니다. 바로 이 점에 대해서 좀더 깊이 회개하며 겸손하게 반성하는 태도가 있어야 합니다.

자신들의 주장만을 옳다고 고집해서는 안 됩니다. 예컨대 "미국 교회의 로버트 슐러(Robert H. Schuller) 목사 그리고 빌리 그레이엄(Billy Graham) 목사의 경우를 보라. 이들에게는 아무 문제가 없는데 왜 이처럼 따지는가? 교회뿐만 아니라 선교단체들까지도 대물림하지 않는가?"라는 식으로 가면 문제는 더욱 꼬이게 될 뿐입니다. 개교회의 특별한 사정에 의해 비록 세습의 형태로 목회자가 바뀌었지만 이전보다 교회가 더욱 건강해졌다면 더 이상 바랄 것이 없을 것입니다.

무어라고 해도 한국 교회의 세습 문제는 하루아침에 해결될 것이 아니라는 것은 분명합니다. 조금은 시간을 가지고 기다려야 할 부분이 있습니다. 다시 말하면 한국 교회의 목회자와 성도들의 신뢰가 회복되고 신앙적이며 양심이 상식적으로 이해할 수 있는 모습이 자기 자리를 잡아 갈 때까지 인내를 가지고 기다려야 합니다. 우리 모두가 인정하듯이 한국 개신교회는 그 역사에 비해서 성장은 너무하다 싶을 정도로 신속했습니다. 그리하여 세계적인 초대형 교회들이 이 땅에도 곳곳에 생겨났습니다.

교육학에서 말하는 것을 따라 본다면 한국 교회는 이제 성장기를 지나 다음 단계인 성숙기에 접어들어야 할 것입니다.

옛 시대와 새 시대 사이에는 그 중간에 전환의 시기(Transitional Period)가 있게 마련입니다. 한국 교회는 이 변화의 시기의 고통을 맞고 있다고 해야 할 것입니다. 한국 교회와 모든 성도들은 너나 할 것 없이 이 산고와 같은 시기를 온몸으로 감당해야 합니다. 어차피 우리 모두가 건너야 할 강이라면 손에 손 잡고 함께 건너야 할 것입니다. 《이솝우화》에 나오는 '외나무 다리에서 만난 두 염소'의 어리석음을 다시금 재현하지 말아야 할 것입니다.

다시 한 번 강조하고 싶은 것이 있습니다. 세습 문제의 가장 밑바닥에 인간적인 생각, 다시 말하면 세상적인 가치관이 자리 잡고 있다면 반드시 회개해야 합니다. 우리가 늘상 하는 말이지만 제도의 문제가 아니라 죄인 된 우리 자신의 욕심과 이기심이 문제의 핵심에 자리 잡고 있지는 않은지 다시 한 번 진단해 보아야 합니다.

과거 한국 교회 역사 속에서 나타났듯이 십자가를 함께 지고 갔던 선배들의 신앙과 지체 의식을 회복해야 합니다.

우리가 반드시 짚고 넘어가야 할 것이 있습니다. 세습의 문제가 '교회에 덕이 되느냐 안 되느냐'를 한번 따져 보아야 한다는 것입니다.

"우리 각 사람이 이웃을 기쁘게 하되 선을 이루고 덕을 세우도록 할지니라"(롬 15:2).

그리고 비단 교회 안에서 행해지는 세습의 문제만이 아니라 모든 행위가 선교에 도움이 되지 않을 뿐만 아니라 하나님의 영광을 가리는 것이라면 그 누가 되었든 간에 바로 그 자리에서 돌아서야 합니다.

"무엇을 하든지 다 하나님의 영광을 위하여 하라"(고전 10:31).

이와 같은 믿음의 결단과 용기 그리고 신령한 지혜가 우리 한국 개신교회에 필요합니다.

바울 사도처럼 예수 그리스도 안에서 내 형제와 자매이며 내 아들, 내 아버지라는 생각을 가진다면 별 문제가 되지 않을 것이 틀림없습니다. 한국 교회에는, 그리고 한국 교회 지도자들은 세습의 문제 말고도 이것보다 더 큰 문제들이 우리들을 향해 마치 쓰나미처럼 거대한 도전 세력으로 다가오고 있다는 것을 알아차려야 합니다. 분명한 것은 한국 교회는 과거 모진 환난과 핍박을 순교적 신앙으로 넉넉히 이겨냈으며, 앞으로도 승리의 역사를 남길 수 있다는 사실을 어느 누구도 의심하지 않는다는 것입니다. 더 큰 시련이 온다고 해도 우리 모두가 적어도 한국 교회를 주님의 마음으로 사랑한다면…….

단군신화에 대한 올바른 이해

여는말

국사(사회과) 교과서가 개편될 때마다 단군과 고조선에 대한 부분은 역사학계 이상으로 기독교 신자들에게도 큰 관심사가 되고 있습니다.

역사 기술이 쉽지 않은 것은 사실입니다. 아무리 역사적 사실을 자료로 삼아 기술한다고 해도 역사가는 자신이 의도한 바가 아닐지라도 객관성을 지키기가 어렵기 때문일 것입니다.

더욱이 단군의 신화를 우리 민족의 역사의 첫머리에 놓고 서술할 때는 여러 가지 문제가 발생하기 마련입니다. 단군신화가 신화인 것은 누구나 인정하지만 단군이 신화적 인물이 아니라는 자가 있는가 하면, 한 걸음 더 나아가 단군을 하나의 신격체로 격상시켜 섬기는 종교도 있습니다. 바로 여기에서 문제는 더욱 복잡해지게 됩니다.

이 장에서는 먼저 역사의 측면에서 단군신화의 진정한 역사적 의미가 무엇인가를 재음미하며, 다음으로 단군(상)에 대한 기독교의 대응과 역사 교육에 대해 이야기하고자 합니다.

I. 단군신화와 역사

(1) 신화란

신화란 무엇일까요? 이에 대해서는 학자에 따라 그 답이 다르기 때문에 무어라고 딱 잡아 정의하기는 곤란합니다. 막상 대답하기는 매우 어렵고 힘들지만 대충 무엇인 줄은 짐작합니다.

그러므로 신화란 어느 누가 설명해 주지 않아도 알 만한 인간의 본원적인 지식 속에 내재하고 있는 어떤 형태의 기본적인 이해로 묶어져 있다고 하겠습니다. 신화는 어떤 의미에서 인간의 삶이 가지고 있는 문제를 해결하기 위한 어떤 해답을 제시하기도 합니다.

신화를 한갓 일상적인 이야기나 꿈 같은 것과 같이 취급하거나 황당무계한 것으로 돌려서는 안 될 것입니다. 신화에서 우리가 가까이 할 수 없는 또 하나의 국면은 그것이 신앙과 깊이 연루되어 있다는 점일 것입니다.

(2) 신화의 진실과 역사의 사실

우리가 풀어야 할 과제는 신화와 역사의 연계를 어떻게 맺을 것인가입니다. 다시 말하면 신화는 사실인가, 아니면 단순히 진실로 받을 것인가 하는 것입니다.

이 문제는 새로운 문제가 아니라 오랫동안 논란이 되어 왔으나 아직 미해결의 상태로 남아 있습니다. 어느 나라의 신화라고 할지라도 대개는 신화 속에 나타나는 인물과 지명은 실존하는 인물이거나 혹은 실제적 지명이 나오는 경우가 허다합니다. 그렇기 때문에 신화를 보통 이야기와 구분하여 역사적 기록과 같은 선상에서 이해하려고 합니다.

그러나 여기서 분명히 하고 넘어갈 것은 신화가 어떠한 진실을 말하고 있다고 해서 그 신화 속에 나타나고 있는 것 전체가 역사적 사실이라고 단정해서는 안 된다는 것입니다. 물론 신화의 진실을 사실로 받아들이느냐 아니냐는 것은 믿음의 차이라고 할 수밖에 없습니다. 분명한 것은, 신화가 역사적 인물 혹은 지명을 사용한다고 해서 그 내용을 역사라고 본다면 또 다른 문제가 제기된다는 것입니다.

2. 단군신화와 삼국유사

(1) 단군신화

단군에 관한 기록으로는 현재 일연의 《삼국유사》에 기재된 것을 가장 오랜 것으로 봅니다. 후대의 기록들도 있으나 《삼국유사》의 기록이 가장 오랜 것이고 또한 제일 상세하므로 그것을 중심으로 단군 신화의 내용을 살피는 것이 좋을 것입니다.

단군에 관한 《三國遺事》의 부분을 쉽게 풀이하면 다음과 같습니다.

"옛날에 환인桓因의 서자에 환웅桓雄이라는 이가 있어 가끔 천하의 인간 세상에 내려가 보았으면 하는 생각을 가지고 있었다. 아버지가 아들의 뜻이 그런 줄 알고 그러면 어디로 보냈으면 좋을까 하고 천하를 한 번 내려다보니 삼위태백三危太伯이 가히 인간을 홍익弘益할 만하였다. 그래서 천부인天符印 세 개를 주어 그곳에 내려가 천하를 다스려 보라 하였다.

이에 환웅이 부하 삼천 명을 거느리고 태백산 꼭대기 신단수神檀樹 아래에 내려가 신시神市를 여니 이분이 곧 환웅대왕이라는 분이었다…… 그때에 곰과 호랑이가 한 굴에 살고 있어 항상 대왕 앞에 와서 사람이 되도록 하여 달라고 기원하였다. 대왕이 쑥 한 되와 마늘 이십 쪽을 주면서 너희들이 이것을 갖다 먹고 일광日光을 백일 동안 보지 않으면 가히 원대로 사람이 될 것이라 하였다.

그랬더니 곰은 그것을 먹고서 삼칠일三七日을 기忌해 여자가 되었는데 호랑이는 그것을 참지 못하여 그만 사람이 되지 못하고 말았다. 이렇게 되니 웅녀熊女는 결혼할 데가 없게 되었다.

웅녀는 매양 단수 아래에 와서 어떻게든지 잉태가 있도록 하여 달라고 주원呪願하였다. 할 수 없이 환웅이 잠깐 사람의 몸이 되어 혼인을 하였더니만 과연 잉태하여 아들을 낳으매 이를 단군왕검이라 호號하였다."

이상의 단군신화는 기억을 새롭게 하기 위해 한 번 일견해 본 것뿐입니다.

(2) 삼국유사

단군신화는 그 내용이 말한 바대로 고조선 때부터 순수하게 내려온 것인지, 아니면 후대에 조작한 것에 불과한 것인지가 문제의 초점입니다.

왜냐하면 이와 같이 중요하다고 생각되는 민족의 신화가 기록상으로 처음 나타난 것이 《삼국유사》인데 이 책의 기록 연대는 13세기까지밖에 올라가지 못하기 때문입니다. 더욱이 《삼국유사》에서 《魏書》니 《古記》라는 인용서까지도 밝히고 있으나 그러한 서적이 지금까지 전해지지 않는 상황이고 보면 단군신화를 《삼국유사》의 저자가 조작한 것이라는 생각을 더욱 짙게 해주기도 합니다.

이와 같은 추정은 고조선의 건국이 B.C. 2,333년이며 《삼국유사》가 기록된 시대는 A.D. 13세기라는 적어도 3,500년 간의 연대적 간격이 있다고 해서가 아닙니다.

물론 중국 산둥반도에 있는 무씨사당武氏祠堂의 화상석畵像石에서 단군신화와 그 내용이 대체로 같다고 볼 수 있는 그림을 찾아 볼 수 있다고 함으로써 단군신화의 연대가 B.C. 2세기까지 거슬러 올라갈 수 있게 된 것은 인정해야 할 것입니다. 그렇다손 치더라도 단군신화는 적어도 2,000년 이상의 오랜 전통을 이어온 신화라는 것이 드러난 것입니다.

사실 《삼국유사》를 하나의 역사적 자료로 취급하고자 할 때 문제가 전혀 없는 것이 아닙니다. 《삼국사기》가 버린 사료들을 《삼국유사》가 많이 수록함으로써 오히려 《삼국유사》의 가치가 크게 돋보이기는 하지만, 《삼국유사》는 고대의 전승을 존중하며 더욱이 원元과의 관계에서 일어나는 민족적 고민을 해결하고자 하는 역사적 상황에서 나왔습니다. 그러므로 《삼국유사》의 저자 일연과 시대적 요청 등등의 여러 가지 상황을 충분히 연구하며 고려하여 생각해야 할 것입니다.

3. 역사와 교육

(1) 한국사와 세계사

한마디로 단군을 역사적 실존 인물로 추정하며 그가 건국한 나라가 B.C. 2,333년이라고 생각하는 것은 결코 역사적 사실로 수납하기가 어렵습니다.

오늘날 우리가 가지고 있는 역사적, 고고학적 지식에 의한다면 국가의 성립은 B.C. 10세기의 청동기 시대로부터로 잡고 있는 것이 세계적인 정설이기 때문입니다. 단군신화를 말할 때는 고조선의 건국만을 따로 떼어내어 말할 수 없는 것이고 보면 결국 커다란 문제에 봉착하게 됩니다.

그러므로 문제의 해결은 신석기 시대의 국가 성립이라는 세계사상에서 유례없는 새로운 학설을 정립하든지 아니면 세계사의 흐름 속에서 한국사를 회복하든지 양자택일밖에는 다른 길이 없다고 생각합니다. 그런데 오늘날의 개방적인 국제사회 속에서 세계사와 모순되거나 거슬러 나아가는 역사 서술이나 지식이란 상상할 수 없는 것입니다.

(2) 단군신화와 역사적 의미

단군신화는 한국 민족의 신화 그 자체만으로도 매우 귀중한 것입니다. 그리고 더 욕심을 부린다면 단군신화 속에는 일면 우리 민족의 역사가 있다고 하겠습니다.

그러나 그것은 한국 최초의 문명 사회라고 한 고조선의 초기의 모습을 전해 주는 것으로 족해야 할 것입니다. 또한 단군신화에는 우리 민족에게 깊이 뿌리내리고 있는 샤머니즘(Shamanism)의 종교적 요소와 토테미즘(Totemism)이라는 요소가 담겨 있습니다.

요컨대 단군신화는 장차 고조선 사회의 중심이 될 토템 씨족이 지니고 있던 샤머니즘을 토대로 하여 생겨난 신화였다고 하겠습니다.

4. 단군상과 기독교

(1) 단군상 철폐

단군상이 각급 학교, 특별히 초등학교에서 세워질 때면 명목상의 이유로 '애국심'과 '홍익인간'의 교육 정신을 구현하자는 것을 내세웁니다. 이는 매우 그럴듯하지만 사실 깊이 생각해 보면 다른 문제가 내재해 있습니다. 단군이라고 하면 역사의 실존적 인물이 아닙니다. 더욱이 단군은 특정종교, 즉 단군교(라철, 1909), 증산교(강일순), 한얼교(신정일, 1965) 등의 교주입니다.

일반적으로 신상이라고 하면 그 종교 기관이나 예배드리는 공간에 세워지는 것이 자연스러운 것입니다. 단군을 교주로 삼는 신도들이 단군신전을 세우고 그곳에 자신의 소원에 따라 단군신상을 세우는 것은 우리가 관여할 바가 아닙니다. 그러나 교육기관인 학교에 개국의 시조라고 해서 단군상을 세우는 것은 국민적 참배의 대상으로 삼고자 한다는 오해를 불러일으킬 수 있습니다.

또한 단군상을 공공장소에 건립함으로써 그를 신격화하는 것은 세계화시대에도 역행하는 국수주의적 편협성을 드러내는 결과를 가져올 위험이 있음을 민경배 교수는 지적한 바 있습니다.

기독교계가 단군상 건립을 그토록 반대하는 이유는 두말할 것 없이 이는 우상 숭배라는 관점 때문입니다. 성경은 구약에서 이스라엘 백성에게 신약에서도 성도들에게 우상 숭배의 죄악에 대해 심각한 경고를 하고 있습니다. 이와 같은 신앙적 입장에서 뿐만 아니라 반 역사적 또한 반민족적 행위가 될 것을 우려하는 점도 단군상 철폐의 이유입니다.

기독교계에서는 단군상 철폐에 대한 여러 가지 논리와 주장이 있어 왔습니다. 근간에 발표된 이만열 교수의 글 "단군상 문제와 기독교계의 대응" 중에서 그의 주장을 소개하고자 합니다.

> 첫째, 단군은 우리 민족의 시조가 될 수 없다는 것이다. 그것은 불승 일연(一然, 1206-1289)이 쓴 《삼국유사》에 나오는 일종의 신화에 의한 존재인데 이것을 국조라 하여 떠받들어 섬기는 것은 사리에 맞지 않다.
>
> 둘째, 단군상을 만드는 것은 그것을 참배하도록 하기 위한 것으로 거기에 참배하는 것은 하나님 이외에 다른 신을 섬기지 말라는 십계명의 제1계명과 제2계명을 어기는 것이다. 이는 곧 우상 숭배의 죄를 범하는 것이다.
>
> 셋째, 단군상을 초·중·고등학교에 세우는 것은 헌법과 법률에 위배된다. 왜냐하면 우리나라는 국교를 인정하지 않고 있기 때문이다.
>
> 넷째, 단군을 치켜세우는 것은 민족주의를 고양하겠다는 것인데, 이는 세계주의를 주장하고 있는 기독교 정신과 맞지 않는 민족주의를 고양하는 행위이기 때문이다.

단군숭배 운동에 앞장선 한문화운동연합에서 시작된 단군신상의 건립으로 말미암아 전국의 학교, 공원 등 공공장소에 369개의 단군상이 설치되어 있으나 점차 단군상은 관리 부족으로 혹은 자연 훼손으로, 그리고 교사와 학부모의 요구에 따라서 일부 학교에서는 철거되기도 했습니다.

(2) 기독교의 역사 교육

기독교는 역사적 종교입니다. 성경은 역사의 귀중성을 강조하고 있습니다.

"청하건대 너는 옛 시대 사람에게 물으며 조상들이 터득한 일을 배울지어다"(욥 8:8).

"옛날을 기억하라 역대의 연대를 생각하라 네 아버지에게 물으라 그가 네게 설명할 것이요 네 어른들에게 물으라 그들이 네게 말하리로다"(신 32:7).

역사가 귀중한 만큼 이에 대한 교육도 함께 강조되어야 합니다. 사회(국사) 교과서는 단군에 대해 어떻게 기술하고 있는지를 〈한국교육신문〉은 이렇게 적고 있습니다.

"현행 초·중·고등학교 교과서가 단군을 서로 다르게 서술해 교사와 학생들에게 큰 혼란을 주고 있다. 현행 초등학교의 경우 6학년 1학기 사회 교과서 8쪽에서 단 한 문장으로 단군왕검을 서술하고 있다. '하느님의 아들인 환웅과 곰이 변하여 사람이 된 웅녀 사이에서 태어난 단군왕검은 이 땅에 최초의 국가인 고조선을

세웠다.'

이와 달리 고등학교 국사의 경우, '고조선은 단군왕검에 의해 건국되었다고 한다'는 가설적인 문장으로 서술돼 있어 소극적으로나마 인정하는 분위기다.

또한 중학교 국사는 '단군의 고조선 건국'이라는 부제의 단원에서 '고조선의 단군왕검은 종교와 정치를 함께 지배하는……'이라는 내용으로 쓰고 있어 단군의 존재를 사실로 인정하는 느낌이 강하다.

이와 관련 초등학교 교사들은 단군을 '곰의 아들', '하느님의 자손'으로만 서술하는 것은 중·고등학교와 일관성도 없고 아이들에게 왜곡된 역사관을 심어줄 수 있다고 지적한다."

교육의 현장을 책임지고 있는 교사들 사이에도 단군에 대한 문제가 혼란을 주고 있는 것이 사실입니다. 그렇다면 기독교적 신앙 교육을 받은 성도들의 자녀들이 받게 되는 악한 영향은 더 이상 말할 필요가 없는 것이 아닙니까?

차제에 기독교 역사학자들과 지도자들은 이에 대한 바른 역사관을 심어 줄 좌표와 현실적 가이드 책자를 만들어 주어야 할 것입니다. 단순히 단군상 철폐를 위한 시위나 기도회 그리고 정부에 항의하는 글을 발표하는 것만으로는 근본적인 문제를 풀 수가 없습니다. 단군상이 종교적 목적으로 세워지지 않았다고 아무리 항변해도 문제는 있습니다.

우리를 주목하게 하는 것은 북한은 공산국가로서 이데올로기가 먼저인데 공산국가인 북한이 단군에 대해 열을 올리고 있다는 점입니다.

1993년 평양중앙방송은 평양시 강동군 대박산 기슭에서 지금으로부터 약 5011년 전의 것으로 추정되는 단군 부부의 유골을 발굴했다고 발표했습니다(조선일보 1993년 10월 3일, '북한 단군 부부 유골 발굴'). 이는 상식 이하의 것으로 정말 놀라운 사실입니다. 그들의 속셈이 무엇이건 간에 이에 대해서는 반박할 필요도 없는 허무맹랑한 거짓 선전이며 정치적 책동일 뿐입니다.

이보다 더욱 안타까운 것은 소위 자유주의 신학자들 가운데서 장병일, 윤성범, 전경연 그리고 박봉랑 교수가 기존의 기독교의 입장과는 다른 단군(신화)에 대한 신학적 연구를 간간이 신학계에 발표했다는 점입니다.

물론 그들은 창조설화의 토착화를 위해서 단군신화가 먼저 신학적으로 이해될 필요가 있다는 전제 하에서 그들의 신학적 논리를 펴고 있습니다. 여기에서 그들의 신학적 주장과 내용을 더 이상 언급하지는 않겠습니다. 다만 이들은 전통적인 기독교의 입장과는 전혀 다른 태도로 단군과 단군신화를 해석하고자 합니다. 이는 매우 위험한 일이 아닐 수 없습니다.

이제까지 우리가 살펴본 바에 의하면 단군신화와 단군상은 역사와 종교 그리고 교육과 신학의 문제라는 사실에 귀착됩니다.

바른 역사를 세우는 것 그리고 바른 신앙을 지켜 나아가는 것은 쉬운 일이 아니라는 것을 깊이 느끼게 됩니다.

아마도 개천절이 우리나라의 국경일로 지켜지는 동안은 단군의 문제는 한국의 기독교인에게는 갈등과 또 하나의 숙제로 계속 남게 될 것입니다.

맺는말

단군신화는 앞으로 몇천 년을 가도 신화일 뿐입니다. 오로지 우리가 단군신화를 가지고 해야 할 것은 학문적인 노력일 뿐입니다.

거기에는 신화학적神話學的, 민속학적民俗學的 또는 언어적, 인류적, 전통종교적인 측면의 연구와 그밖에도 여러 가지 부수적으로 사료적인 연구가 가능할 것이라고 생각합니다. 그러나 이와 같은 순수성을 떠나게 된다면 이제까지 역사계에서 보아 왔던 전철을 뒤따르는 격이 될 것입니다.

근간의 한국사의 발전과 그 성과는 어느 누구도 부인할 수 없을 정도로 발전했습니다. 그러나 이와 정비례해서 역사가의 양식이 흐려지고 있는 것 역시 생각해 볼 문제인 것입니다.

역사는 결단코 감정이 아니라고 모두가 말합니다. 일본의 역사가들이 일본 역사를 모두 왜곡되게 하지는 않습니다. 그러나 그들의 교과서가 왜곡되어 있습니다.

이 점이 중요합니다. "역사는 거울이다"(고전 10:6)는 사실을 받아들인다면 거울이 거울답게 하는 노력이 역사가들에게만 주어진 고유 임무라고는 할 수 없고 정부의 책임 있는 지도자들과 사회 각 계층, 더 나아가서는 국민 모두의 임무이며, 오늘의 상황에서는 기독교인의 역사의식이 요청되기도 합니다. 역사歷史가 왜곡되거나 전혀 교육적이지 않은 역사가 되는 것은 누구도 원치 않을 것입니다. 우리는 역사 교육이란 어떠한 교육보다 중차대한 부분을 차지한다는 것과 그 영향 역시 지대하다는 것을 다시 한번 깊이 인식해야 할 것입니다.

"교회의 역사는 하나님의 오래 참으심의 이야기이다."
- Warren W. Wiersbe

"신앙이란 불을 켜 놓고 기다리는 것입니다."
-Tertullian

제2부
자랑스런 종들의 이야기

순종의 종 문재구 목사
루터를 닮은 칼빈주의자 차남진 교수
길고도 오랜 인연 김홍래 목사
하나님의 사람 박형용 목사
나의 동역자 황정심 전도사

순종의 종 문재구 목사
-내가 받은 축복-

"순종의 종 문재구 목사"는 저의 부친 문재구 목사님께서 구술한 것을 제가(문인현 목사가) 정리한 글입니다. 이 글은 "내가 받은 축복"이라는 제목으로 《푸른 초장으로》(신망애총서 7)에 실렸습니다.

부족한 종이 우리 하나님 아버지에게 받은 바 은혜는 이루 헤아릴 수 없습니다. 무엇보다도 하나님의 자녀 된 것이 감사하고, 더욱이 늦게나마 종의 직분까지 주셔서 주의 몸 된 교회를 섬길 수 있게 된 것은 제가 받은 축복 중의 축복입니다.

제가 걸어온 신앙의 길에는 물론 부끄러운 점도 없지 않습니다. 그러나 모든 것이 하나님의 특별한 은혜였다고 간증할 수 있는 것이 몇 가지 있습니다.

1. 말씀에 대한 확실한 신앙

저는 세칭 천석꾼의 부유한 가정에서 여덟 번째로 출생하여 일찍

부모님을 여의었으며, 선친께 받은 유산을 한 푼도 써 보지 못하고 보증채무로 하루아침에 넘겨주게 되었습니다. 당시의 심정으로는 꼭 죽고만 싶어서 지리산 깊은 골짜기로, 섬진강으로 가 몇 번이고 목숨을 끊으려고 헤매었으나 결국 이루지 못하자 만주로 피신하고자 하는 계획까지 세웠습니다.

  이와 같은 불안한 시기에 때맞추어 길선주 목사님과 고라복 선교사님이 구례읍교회 재건을 위해 강사로 오셨는데 저는 바로 이 전도집회에 참석하게 되었습니다. 기억하는 대로는 당시 설교 제목이 '영생의 길이 여기 있다' 는 말씀이었다. 이때 저는 기독교로 개종했으나 성경에 대해서는 반신반의했고, 심령상의 안정을 찾지 못한 채 계속해서 방황을 했습니다. 이제까지 동양의 공자, 맹자를 숭상한 저로서는 예수를 따른다는 것이 어쩐지 불만스럽게만 생각되었습니다.

  그 다음해 1921년 봄 순천 매산학교(교장 구례인 선교사)가 개교하고 고라복 선교사님의 권유를 따라 이 학교에 입학함으로써 신앙생활에 본격적인 발을 내딛게 되었습니다. 그리고 재학 중 김필수金弼秀 목사님(대한예수교장로회 제4회 총회장)의 부흥집회에 참석하여 요한복음 3장 16절 말씀을 통해 은혜를 받은 이후로는 지금까지 저의 신앙에 어떠한 동요나 하나님의 말씀에 대한 바늘 끝만큼의 의심도 용납될 수 없게 되었습니다.

  어느 누구에게나 귀중히 여기는 성경 구절이 있듯이 저에게는 요한복음 3장 16절, "하나님이 세상을 이처럼 사랑하사 독생자를 주셨으니 이는 그를 믿는 자마다 멸망하지 않고 영생을 얻게 하려 하심이라"는 말씀이 나의 일생과 같이 하였습니다. 그리하여 저는 한때 요한복음 전체를 암송하기도 했습니다.

2. 진실한 신앙의 스승을 모신 일

매산학교와 저의 관계는 상당히 깊습니다. 제가 이 학교 제1회 졸업생이라는 점보다는 저의 신앙을 길러 준 학교라는 점에서 잊을 수가 없습니다. 그리고 저의 인생을 재출발시켜 주신 스승 김주봉 선생님을 이곳에서 만나 뵈옵게 된 것입니다. 요사이 심각한 사회 문제로 대두되고 있는 사제지간의 빗나가는 풍토를 볼 때마다 저는 저의 스승 김주봉 선생님을 마음에 그려 보면서 가끔 자녀들에게 스승을 자랑스럽게 말해주곤 합니다. 김주봉 선생님은 본래 앉은뱅이었습니다. 그분은 장애인일 뿐 아니라 가난한 가정에서 태어나셨습니다. 그러나 그는 복음을 들은 후 거지와 같은 형편에 처해 살면서도 기쁨을 잃지 않았으며 그의 신앙은 점차 성장하게 되었습니다. 앉은뱅이로 30리 밖에 있는 교회에 매주일 출석하는 일이란 여간 고통스러운 일이 아니었습니다. 하지만 아무리 힘들어도 한 주일도 빠진 일이 없었습니다.

어느 주일날 아침 선생님은 일찍 새벽밥을 지어 먹고 논둑길을 따라서 교회를 향해 가다가 잠깐 몸의 땀을 닦으며 쉬는 시간에 기도를 드렸습니다. 기도를 하는 중 주님의 능력으로 자신도 걷고 뛸 수 있다는 큰 확신이 생겨났습니다. 그리하여 바로 그 자리에서 "주여, 믿습니다" 하면서 일어났습니다. 거짓말 같은 기적이 일어났습니다. 선생님이 일어났다는 소문이 이웃의 여러 교회와 선교사들에게까지 들리게 되자 평양교회와 선교사들이 김주봉을 공부할 수 있도록 주선해 주었습니다.

김 선생님은 평양의 숭실대학까지 마친 후 밝은 장래가 약속되었음에도 불구하고 자신이 받은 바 은혜를 두 가지로써 보답하고자 했습니다. 그 첫째는 세상에서 버림받은 불쌍한 사람을 배우자로 맞이하겠다 하여 시각장애인을 아내로 택한 것이었습니다. 그리고 다음은 교육으로 후배 양성을 위해 헌신하고자 한 것이었습니다.

제가 평양신학교에 재학하고 있을 때 한번은 김 선생님을 찾아뵌 적이 있는데, 그때 하신 말씀이 "항상 너희들을 위해 기도하고 있지만 특별히 손양원(《사랑의 원자탄》의 주인공, 애양원 목사)과 김형모(순천 매산학교 교장 역임, 통합측 증경총회장) 그리고 마지막으로 너를 위해 기도하고 있다"는 것이었습니다. 그때 저는 얼마나 선생님과 사모님을 붙들고 어린아이처럼 눈물을 흘렸는지 모릅니다.

저는 때때로 근심되고 낙심되는 일이 생길 때면 스승의 신앙적인 교훈과 인격을 생각하면서 주님께 더욱 충성스런 일꾼이 될 것을 다짐하곤 했습니다. 김주봉 선생님이야말로 진실한 신앙인이었으며 몸으로 사랑과 희생을 보여 주신 산 신앙의 사람이셨습니다. 저는 분명코 스승에 대한 하나님의 크신 은혜를 입은 사람입니다.

그리고 저는 신앙생활을 시작한 후부터 다음 몇 가지의 일에 대해서 일사각오의 정신으로 철저히 순종하고 실행하기를 원했습니다.

1) 예배 성수 문제

성도가 주의 날을 지킨다는 것은 두말할 것 없이 당연한 일입니다. 그러나 각종 예배에 빠짐없이 출석한다는 것은 공직생활에 몸담아 본 사람이나 사업을 경영해 본 이로서는 참으로 힘든 일 중의 하나임을 깨닫게 될 것입니다.

요사이같이 교통이 발달된 때도 예배 시간에 늦게 당도하는 사람들이 있습니다. 그러나 그 당시에는 걸어서 아니면 자전거로 한 교회도 아니고 두 교회씩 아침과 낮으로 뛰어다녀야 했기 때문에 마음같이 제 시간에 식사를 한다는 것은 생각도 못할 일이었습니다. 교역자가 없는 지방이기에 저는 집사 직분으로 있었지만 어떤 때는 주일뿐 아니라 화요일, 수요일, 목요일까지 당회장의 지시대로 설교를 수종들었습니다.

평양신학교에 재학하고 있던 어느 수요일 밤 예배 시간에 저는 일본인 교회에 참석했습니다. 그런데 목사님은 설교하시고, 사모님은 문 앞에서 안내를 하시고, 딸은 풍금을 쳤습니다. 예배 참석자는 저를 포함하여 네 사람뿐이었습니다. 이때 저는 과거의 일이 회상되었습니다.

확실한 일자는 기억하지 못하지만 제가 섬기고 있던 구례 월전교회에서 있었던 일입니다. 저녁 예배를 드리러 가려고 하니 뇌성벽력이 치고 사면이 캄캄해지면서 폭우가 쏟아져 큰 홍수가 나기 시작했습니다. 도저히 예배당까지 갈 수 없어서 더듬더듬 기어서 겨우 교회에 당도해 보니 한 사람도 오지 않았습니다. 젖은 옷을 다시 잘 짜낸 후 혼자서 준비한 설교를 힘껏 하고 한 시간의 예배를 마쳤습니다.

6.25 이후에는 십 리 길이나 되는 순천 가곡교회를 섬기는 동안 유탄에 맞을 뻔한 일도 여러 번 있었습니다.

2) 교역자에 대한 무조건적 순종

저는 교역자를 인간적으로는 아버님과 같이 생각하고 모셨으며, 또 교역자의 명령은 하나님의 말씀과 같이 알아 절대적으로 순종했습니다.

저는 집사로 그리고 장로로 오랫동안 봉사했기 때문에 이 문제를 조금도 부담감 없이 진솔하게 말할 수 있습니다. 신앙생활을 하다 보면 교역자와 장로, 집사들 사이에 다소간에 의견의 차이가 있을 수 있습니다. 그럴 때마다 저는 목사님의 의견이 혹 전적으로 납득이 가지 않더라도 무조건 순종하는 것이 하나님의 축복을 받는 길이라 생각하여 그대로 해 왔습니다.

하루는 구례읍교회 이 목사님에게서 읍내로 들어오라는 분부가 있어서 갔습니다. 그런데 뜻밖의 말씀을 하셨습니다. 구례읍교회의 사택과 월전교회의 사택을 팔아서 구례읍교회 사택을 먼저 건축하고 난 다음에 월전교회月田敎會(본인이 집사로 섬기던 교회)의 사택을 지어 주시겠다는 것이었습니다. 아무리 생각해도 이치에 맞지 않는 말씀이었습니다. 저는 한마디로 "목사님의 말씀에 동의할 수 없습니다"라고 거절한 후 집으로 돌아왔습니다. 그런데 그날 밤 '내 생애에 목사님의 요청을 거절하지 않고 절대 순종하기로 하나님께 기도하고 있는데 아무리 내 마음에 맞지 않는다고 거절할 수 있는가' 하고 생각하니 기가 막혀서 도저히 잠을 이룰 수가 없었습니다. 저는 다음날 바로 이 목사님을 찾아뵙고 순종하기로 했습니다. 그런데 당시에 지은 사택에 제가 목사 안수를 받은 후 처음으로 부임해서 살게 될 줄은 정말 몰랐습니다.

3) 희생과 봉사의 문제

매산학교를 졸업한 후 저는 신앙만이 아니라 지식의 세계에 대해서도 큰 꿈을 가지게 되었습니다. 그리하여 당시 영국 유학을 위해 하루에 두끼만 먹으면서 만반의 준비를 다했습니다. 이 계획을 전해들은 동생과 조카들은 울면서 결사적으로 자신들의 공부할 길을 열어 달라고 간청했습니다. 그리하여 결국 동생 재찬은 광주 고등 보통학교(서중)에 입학시키고 조카 응호는 안창호 선생이 설립한 중경 남경의 동명학원에 유학시켰습니다.

사실 마음 아픈 일이었지만 이로 말미암아 저에게 축복이 왔는지는 모릅니다. 이때부터 저는 자녀와 손자들이 하나님의 종으로 봉사할 수 있게 해 달라고 기도했습니다. 그리하여 첫 번째 계획한 일이 맏딸 인순(仁順)이를 평양여자신학교에 입학시키는 것이었습니다.

그런데 그 아이는 불행히도 신사참배 사건으로 학업이 중단되고 집안일을 돌보다가 결혼했습니다. 자녀의 목회자 배출에 대한 뜻을 굽힐 수 없어서 큰사위 丁奎五 牧師로 하여금 신학을 하도록 수차 권유하였으나 끝내 성사되지 않았습니다. 하는 수 없이 늦기는 했지만 자녀보다는 제가 신학을 해야겠다고 마음을 고쳐먹고 만각을 후회하면서 새로운 각오로 평양신학교에 입학하게 되었습니다.

졸업할 즈음에 저는 서귀포교회 김응규 목사님의 후임으로, 또 한림교회 조의환 목사님의 후임으로 청빙을 받고 어느 곳도 결정하지 못하고 있던 차에 구례읍교회에서 양용근 목사님(광주형무소에서 순교함)이 병환으로 목회가 어려우니 도와 달라는 요청을 받았습니다. 이때도 저는 선배 목사님의 지도를 따라 작은 교회였으나 양 목사님의 뒤를 잇기로 작정하고 목회의 첫발을 내디뎠습니다.

이상의 몇 가지 일 외에도 하나님 앞에 충성되게 일하려고 고향 월전교회와 순천 동부교회(승평교회) 등 10여 교회를 개척하면서 땀을 뿌리고 남 몰래 눈물 흘린 일은 주의 종이라면 누구나 다 체험하고 있는 일이라 생각합니다.

저의 지내온 길을 가만히 뒤돌아보면서 지금까지도 늘 감사한 것은 불충하고 불의한 종을 우리 하나님께서 늘 받아 주셨다는 것입니다. 저는 항상 "내게 주신 모든 은혜를 내가 여호와께 무엇으로 보답할까"(시 116:12)라는 심령으로 오늘도 하나님 앞에 감사와 두려움으로 살기를 소원하며 하나님의 축복의 선물인 어린 자녀들을 사랑스런 눈으로 바라보면서 조용히 기도할 뿐입니다.

루터를 닮은 칼빈주의자
차남진 교수

"루터를 닮은 칼빈주의자 차남진 교수"는 《엎어놓고 믿읍시다》(하나출판사, 1999)에 실린 글입니다.

찬양의 사람, 차남진 박사

　차남진 목사님을 뵈오면 첫 인상이 서글서글하고 마음씨 좋은 사람이구나 하는 느낌을 받을 수 있습니다. 교수님은 거기에다 약간은 이국적異國的인 면이 있긴 하지만 미남형의 얼굴을 가지고 있습니다. 한번 빙그레 웃으실 때면 그 천진난만함이 마치 어린아이와 같습니다. 교수님께서는 강의 도중에도 스스럼없이 찬송을 부르실 때가 한두 번이 아니었습니다.

　하루는 "내 갈 길 멀고 밤은 깊은데 빛 되신 주, 저 본향 집을 향해 가는 길 비추소서"까지 부르시다가 그 뒤를 잇지 못하고 그만 복도로 나가셨습니다. 교수님은 눈물을 훔치신 후 한참이 지나서야 들어오셨습니다. 목사님은 눈물의 사람이었습니다. 찬송을 항상 가슴으로 부르셨습니다. 만일 목사님께서 안수를 받지 않으셨다면 두말할 것도 없이 가수로서도 능히 성공할 수 있는 음악적 재능과 그에 합당한 유난히 큰입과 성대를 가지고 계셨다는 것을 의심할 사람이 없을 것입니다.

저는 차남진 목사님의 찬송을 주일학교(순천 승평교회·현 동부교회)에 다닐 때부터 들었습니다. 목사님의 오르간 솜씨는 어린 유년 주일학생인 나의 혼을 쏙 빼놓을 정도였습니다. 목사님께서는 찬송을 직접 작곡하고 작사하신 일도 있었습니다.

목사님이 '신사참배 반대 선동자', '반일 운동가', '친미파' 라는 이유로 보안법 위반 죄명으로 금고 8개월의 징역형을 받아 서대문형무소에 수감되어 계셨을 때였습니다(수감번호 715). 어느 주일 아침 가까운 서대문교회의 종소리를 담 너머로 듣게 되셨다고 합니다. 목사님은 자신도 모르게 찬송을 지어서 부르셨습니다. 그 찬송이 바로 '종소리' 입니다. 여기 그 노래를 소개하고자 합니다.

종소리

작사: 차남진/원대성
작곡: 차남진

1절은 차남진 목사님이 부르시고, 2절은 원대성 목사님이 이어서 불렀습니다. 당시 원대성 목사님 역시 차 목사님과 동일한 죄목으로 수감생활을 하고 계셨습니다.

차 목사님은 "이 세상 험하고 나 비록 약하나", "내 주는 강한 성이요 방패와 병기 되시니"를 평소 즐겨 부르셨습니다. 저는 매년 종교개혁 기념 주일에 585(384)장 찬송을 부를 때마다 '마틴 루터'가 아니라 '루터'를 닮은 차남진 목사님을 연상하곤 합니다.

말씀의 사람, 차남진 교수님
오직 성경으로 일관

1967년 3월 우리 학우(총회신학교 63회 졸업 동기생)들이 입학하게 된 것은 하나님의 크신 축복이 아닐 수 없습니다. 입학식이 있던 바로 그해 부산에서 박윤선 박사님과 이상근 교수님, 그리고 김의환 박사님이 서울 총회신학교로 오셨습니다. 이 모든 일이 하나님의 크신 은총이었습니다.

당시 사당동 총신의 건물은 겨우 유리창만 달았지만 그래도 겉에서 보면 현대식 3층 건물로 그곳에서 강의를 들을 수 있었으니 이것 역시 행복한 일이라고 할 것입니다. 우리들은 사당동 총신 시대 초창기에 쓴맛을 톡톡히 보았지만 아무런 불평도 없이 뒷동산에 기도굴을 파는 이들이 있었습니다.

어느 누구랄 것도 없이 모든 교수님들이 열과 성을 다해서 강의해 주신 것 역시 오늘날과는 조금 비교될 수 있다고 할 것입니다.

차남진 교수님의 첫 강의는 '성경개론'이라는 과목이었던 것으로 생각됩니다. 흑판 이 편에서 저 편 끝까지 '쫘악-' 한 선을 길게 그어 놓으시고는 "하나님께서 태초에 천지를 창조하신 것은 시간(역사)의 시작(알파)입니다"라는 말로 강의를 시작하셨습니다. 그리고 선을 따라가면서 오른쪽 손으로, 어떤 때는 왼쪽 손으로 판서를 하셨습니다. 그러다가 신바람이 나시면 쌍권총처럼 양손에 분필을 잡고 막 써내려 가시곤 했습니다. 그리고는 "車씨라 하는 수 없구먼"이라고 하면서 씩 웃으시던 모습이 아직도 눈앞에 선합니다.

지금 생각해 보면 별 것도 아닌 것처럼 느껴질 수 있으나 당시로서는 처음 듣는 말씀이라 저는 열심히 청강을 했습니다. 학우들이 차남진 교수님의 강의에 빠져들었던 것은 다른 것이 아니라 성경 말씀을 상당히 많이 외우고 계셔서 성경 이곳저곳을 인용하실 때면 그만 머리가 숙여졌습니다.

생각밖에 신학교 교수라고 하면 성경에 대해서 박사이고 해박할 것 같으나 사실은 정반대일 수도 있습니다. 그런데 차남진 교수님이 성경을 아주 깊숙이 알고 계신 데는 나름대로 이유가 있었습니다. 과거 형무소(감방) 생활을 하실 때 성경(신약)을 차입해다가 매일 오전 9시부터 읽기 시작하여 오후 3시까지 한 번씩 읽으셨다고 합니다. 바로 그때 목사님은 신약을 거의 외우실 수 있었다고 합니다. 오늘의 후배 신학자나 목회자에게는 거의 꿈 같은 이야기일 것입니다.

신학 수업과 교수 생활

차남진 목사님의 신학 수업은 조선신학교 입학에서 시작되었습니다(30세). 그리고 조선신학교 신학사조 사건(김재준 교수의 문서설)으로 인하여 소위 '51인 학우들'과 함께 잠깐 부산 고려신학교에 가서 수업을 받다가 다시 박형룡 교수님을 모시고 서울 남산에서 장로회 학교를 제1회로 졸업(1948. 7. 9)하시게 되었습니다.

차남진 목사님은 분명코 보수주의자이시긴 하지만 흔히 말하는 골통 보수주의자일 수는 없는 분으로 생각되는 면이 없지 않습니다. 소위 삼박사 사건(한철하, 최의원, 차남진)에서도 주위의 뜻있는 어르신들의 지도가 없었다면 자연스럽게 광나루(장로회)신학교로 가실 수도 있었습니다.

그래도 차남진 교수님께서 신학 사상에서 만큼은 바른 자리를 지킬 수 있었던 이유들이 나름대로 있었습니다. 차남진 교수님은 자신의 교수의 특색을 성경 강조에 있다고 하셨습니다.

차 목사님의 유고에서는 '10가지 강조점'이 있었습니다.

첫째, 한 권의 사람이 되라.

둘째, 성경 머저리가 되라(머저리는 바보라는 방언).

셋째, 말씀의 사람이 되라.

넷째, 성경을 100번 이상 읽어라.

다섯째, 성경 말씀에 도통하라.

여섯째, 성경 한 권이면 세계를 정복할 수 있다.

일곱째, 성경에 통달하면 모든 경제 문제는 결과적으로 해결

된다.

여덟째, 성경을 제쳐놓고 오늘 너무 많은 책들이 있어 성경 읽는 일에 큰 방해가 된다.

아홉째, 하나님은 성경 말씀의 사람을 통해서 역사하신다.

열 번째, 바울 사도처럼 성경 말씀의 사람이 되라.

과거 총회신학교에서는 성경 종합고사라는 제도가 있었습니다. 일단 이 시험에서 통과해야 졸업하는 시험이었습니다. 바로 이와 같은 성경 종합고사는 차남진 교수님의 제의에 따라서 시행된 제도였습니다.

저는 구약 시험에서 첫 번에 통과(pass)했으나 신약 시험은 두 번씩이나 치르는 고역을 감당했습니다. 도대체 시험 문제라는 것이 "당신이 아는 신약성경 구절 30개를 써 보시오" 이런 식으로 나왔습니다. 당시 성경 말씀 암송에 부족했던 저로서는 너무나도 황당한 것이었습니다.

세월이 지나고 나서 보니 그래도 그때가 좋았습니다.

사랑의 사람, 차남진 목사님
목회 사역자 차남진 목사님

차남진 목사님은 자신의 글에 따르면 자신의 목사상을 이렇게 밝혔습니다.

첫째, 요한복음 21장 15~23절의 말씀에 합당한 목사가 되어야 하겠다.

둘째, 성 프랜시스(St. Francis)의 사랑을 실천하는 목사가 되어야 하겠다.

셋째, 빅토르 위고(Victor Hugo)의 레 미제라블(Les Miserables)에 나오는 청년 장발장을 사랑으로 용납한 밀리에르 신부와 같은 목회자가 되어야 하겠다.

이와 같은 그의 목회 철학은 그가 순천노회에서 안수받을 때 (1948년 10월, 그의 나이 33세) 안수식에서 행한 설교(요 21:15~23) "내 양을 먹이고 치라"에서도 역력히 나타나고 있습니다. 차 목사님은 여러 곳에서 교회를 섬기셨습니다. 먼저는 순천승평교회(설립자는 예장 합동 54대 총회장 문재구 목사)의 초창기에 온 힘을 다해 섬겼습니다. 그 교회는 가난한 자들과 버림받은 사람들이 살고 있는 소외된 동네에 위치하고 있었습니다. 어느 누구도 그곳에 가서 목회하기를 원치 않는 사역지였음에도 불구하고 당시 순천 성경학교에서 교수생활을 하면서 목회에 심혈을 쏟으셨습니다.

차남진 목사님은 서울에 올라와 총회신학교에서 교수생활을 하시는 동안에는 삼애교회를 개척하여 섬기셨습니다(1964년 8월 첫 주일, 유앵손, 박석심 집사님이 창립에 함께 동참함).

삼애교회라는 이름은 "첫째, 하나님을 사랑합시다(마 22:35~38). 둘째, 나의 생명을 사랑합시다(요 15:1~7) 그리고 셋째, 이웃을 사랑합시다(마 22:35~40; 갈 5:14)"라는 3가지 사랑의 정신을 근간으로 정했다고 합니다.

물론 목회하시는 중에 일반적으로 목회자들이 감당해야 했던 고난과 괴로움을 당하신 일을 여기에 일일이 기록할 필요는 없을 것입니다.

이와 같은 목회 사역에서 우러나오는 경험과 경륜이 있었기에 앞으로 목회 사역의 일선으로 향할 신학생들에게는 더없는 교훈과 감동이 있는 말씀과 교훈을 주실 수 있었습니다.

복음 전도자 차남진 목사님

차남진 목사님은 전국의 여러 교회들에서 부흥사경회를 인도하셨기에 많은 사람들이 부흥회 인도자로 기억할지 모르겠습니다. 그러나 그분이 순수한 복음 전도 사역자라는 사실을 아는 사람은 별로 없습니다.

목사님은 주님을 영접하신 이후 줄곧 그의 마음에 '삼촌三村 전도 운동'을 담고 계셨다고 합니다. 실제로 목사님은 섬 전도에 열심이셨습니다. 그리고 목사님은 학원 전도를 위해서 한때 한국대학생선교회(C.C.C.)의 총무로도 봉직하셨습니다. 수도의대(고려대학교 의대의 전신)에 학생 교회를 세우기도 하셨습니다. 그리고 목사님은 특수 전도인 한센씨 병자 전도와 특별히 형무소 전도에 헌신적이셨습니다. 목사님은 자신의 글에서 "나의 주님 예수 그리스도의 사랑"이 자신을 수감자를 위한 전도에 헌신적으로 사역게 하는 동기가 되었다고 고백하셨습니다.

차 목사님의 복음 전도 대상자들 중에는 한때 한국 사회를 떠들썩하게 했던 고재봉(사형수)을 비롯하여 조 모씨, 김 모씨 그리고 깡패 대장 이 모씨 등이 있었습니다. 차 목사님은 수많은 전과자들에게 사랑으로 접근하여 그 중에는 회심하고 세례를 받은 이들이 있었습니다.

이와 같은 차남진 교수님의 사역에 감명 받은 우리 학우들은 토요일 오후 서대문 형무소를 방문하는 학습 시간도 가진 바 있습니다. 그때 우리들은 처음으로 사형 집행 장소까지 직접 가서 사형의 과정에 대한 안내를 받아 보기도 했습니다.

실천신학자 차남진 교수님

차남진 교수님의 강의를 들어 본 신학생 중에 낙제 점수를 받아 졸업을 하지 못한 사람은 한 사람도 없었을 것으로 생각합니다. 차 교수님은 시험 점수에서 매우 후하신 분이었습니다. 아마도 교수님의 과목에서 좋은 점수를 받아 보지 못한 학생은 없었을 것입니다. 시험 준비를 조금 부실하게 해서 시험을 치렀을 경우에도 좋은 성적이 나오면 일단 기분이 참 좋습니다. 이와 같이 생각밖의 좋은 점수를 주시는 것은 사회에 나가거나 상급 학교에 진학할 때 우리의 앞날을 생각해서 미리미리 배려해 주는 것이란 말씀을 하셨습니다. 어떻게 보면 공부 잘하는 학생들에게는 불공평한 처사일지 모르지만 교수님이 학생들을 그토록 생각해 주시는 것이라는 사실을 후일 깨닫게 되었습니다.

조금도 학생들에게 인기를 모으려는 마음에서 나온 행위가 아니라는 것을 우리 모두가 알기 때문에 성적표를 받을 때는 이래저래 기분이 좋을 수밖에 없었던 기억이 새롭습니다. 혹간 신학생들 중에 순간적인 실수와 과실로 인해 발생하는 문제에 대해서도 어떻게 해서든지 사랑으로 감싸려고 하셨던 교수님의 마음은 당사자뿐만 아니라 모든 학우들에게까지도 감동을 주곤 했습니다. 교수님의 심정이 아니라 어떻게 보면 아버지의 심정으로 모든 문제를 풀어 가시는 것이 그분만의 장점이라면 장점이었습니다.

차 목사님은 바로 이 점 때문에 수많은 상처를 입기도 하셨습니다. 가난이 그림자처럼 그분을 따랐지만 항상 사랑의 실천으로 일관하셨습니다. 사랑의 신학, 곧 제3의 신학이어야 한다고 하신 말씀이 지금까지도 숙제로 남아 있습니다.

'루터를 닮은 칼빈주의자' 차남진 박사의 정신과 그분의 가르침은 당신의 가르침을 받은 모든 이들의 가슴과 사역 현장에 살아 있는 줄로 굳게 믿습니다.

감사, 그리고 감사할 뿐(맺는말)

한 세대가 이처럼 빠르게 흘러갈 줄 어느 누가 짐작이라도 했을까 싶지만, 지난 세월이 꼭 아쉬움으로만 남는 것은 아닙니다. 사당동 총신을 졸업하고 목회(사역) 현장에서 때때로 느끼는 것은 그래도 좋은 은사님들의 가르침이 얼마나 고맙고 감사한지 이루 말로 다할 수 없다는 것입니다.

  부족한 사람이 차남진 박사님의 가르침과 모습을 무딘 펜으로 어찌 다 표현할 수 있겠습니까만 그래도 사모하는 정만큼은 어느 누구 못지 아니하리라는 마음을 앞세워 조심스럽게 몇 자 적어 보았습니다. 혹시라도 이 글 중에 사실과 다른 점이 있거나, 또한 차남진 목사님에 대한 잘못된 이해가 있었다면 널리 용서하시길 바랄 뿐입니다.

  덧붙여서 차남진 교수님의 유고를 선뜻 참고할 수 있도록 제공해 주신 목사님의 셋째 아들 차종율 박사님(새순교회 담임목사)께 지면을 통해서나마 감사의 말씀을 드립니다.

  차 목사님의 노래 '종소리'는 제가 기억에 따라 부른 노래를 둘째 딸 세라가 악보화시켜 주었습니다.

길고도 오랜 인연因緣
김홍래 목사

"길고도 오랜 인연"은 《은총의 생애》에 실린 글입니다.

아주 특별한 첫 만남

"나는 엄마 뱃속에서 엄마의 얼굴을 보았다"고 하는 사람이 있습니다. 얼마간은 과장된 표현 같으나 여기에는 매우 깊은 뜻이 담겨 있습니다. 저는 태어날 때 셋째 누님(지순)과 자형(김홍래 목사님)을 보았습니다. 이것은 결코 지어낸 말이 아닙니다. 저는 해방되던 해(1945) 음력으로 정월 초이튿날 구례읍 교회 사택에서 문재구文在球 목사님과 마일례馬一禮 사모님 사이에서 막내로 태어났습니다. 음력 설날을 맞아 셋째 자형 부부는 장인, 장모님에게 세배를 드리기 위해 처갓집을 방문했습니다. 그런데 장모님이 해산하기 위해 고통 중이신 것을 보고 장작을 패고 부엌에 들어가 물을 끓여야 했습니다. 정초에 인사드리러 왔다가 그만 막내 처남을 받는 꼴이 된 것입니다.

때는 일제가 패망해 가는 마지막 고비였습니다. 더욱 심각한 것은 한국 기독교인들이 연합국을 도울 것을 우려하여 일제 군부 지도자들이 1945년 8월 18일에 한국 교회 지도자 2만 명을 학살할 계획을 이미 세운 때였다는 것입니다. 아버지께서는 이 끔찍한 사실을 미리 아셨기에 늦둥이 아들을 낳았다고 기뻐하실 상황이 아니었습니다. 이에 더해서 안타까운 것은 어머니가 평소에도 건강이 좋지 않으셨을 뿐 아니라 마흔다섯 살의 산모가 되었기에 갓난아기에게 먹여야 할 젖이 나올 리 만무했다는 것입니다. 하는 수 없이 지순 누나는 첫째 딸 숙희에게 먹여야 할 젖을 간간이 갓난 동생에게도 나누어 주어야만 했습니다. 성인이 되어서야 알았지만 정말로 고맙고 감사한 일이었습니다. 저는 과거에는 가끔 있었던 소위 동냥젖이 아닌 누나 젖을 먹었던 것입니다.

부모님은 가곡교회로, 나는 승평교회로

한국전쟁(6.25) 때 부모님을 따라 부산으로 피난을 갔습니다. 몇 년 전 기억을 더듬어 그 당시 머물렀던 부산의 광복교회와 부민교회를 찾아가 보았습니다. 피난 시절의 모든 것을 기억할 수는 없어도 몇 가지 일들은 아직도 빛바랜 사진처럼 추억으로 간직하고 있습니다. 그 중에서도 생생한 것은 어느 날 학도병으로 군에 입대한 인호仁鎬 형님을 군부대의 철조망을 사이에 두고 만났던 일입니다.

순창 전투에서 전사하신 인호 형님의 이야기를 여기에서 꺼내는 것은 나름대로 사연이 있기 때문입니다. 주일을 맞으면 부모님은 시무하시는 가곡佳谷교회로 가시고, 누님들(공순, 영순)과 사촌인 일호

一編 형님 그리고 나는 동부(승평)교회로 가서 예배를 드렸습니다. 초등학교 때까지는 아버지께서 섬기시는 가곡교회가 매곡동 집으로부터 십 리 길이나 되기 때문에 그런 줄로만 짐작했습니다. 부친께서 승평昇平교회를 창립(1949. 11. 22)하셨기 때문인 줄은 한참 후에 알았습니다. 아버지는 조선시대에는 국궁장國弓場이었으나 일제 시대에는 일본인이 사찰로 사용하던 환선정喚仙亭을 개인적으로 매입하여 예배 처소로 삼으셨습니다. 승평교회에 대한 아버지의 사랑의 밑바닥에는 장남 인호 형님에 대한 말할 수 없는 애틋한 마음이 있었습니다. 인호 형님은 혈서 지원하여 학도병으로 전투에 나가기 전 학생으로서 차남진 목사님을 도와서 열심히 승평교회를 섬겼습니다. 이 사실은 아버지가 남겨 주신 글을 통해서 알게 되었습니다.

승평교회의 새 지도자

승평교회는 분명히 간판만 보면 교회였지만 초등학생의 눈으로 보아도 전혀 예배당 같지 않은 모양이었습니다. 외형부터 십자가 모양의 종탑도 없었을 뿐 아니라 멀리서 보면 절간 같았습니다. 더욱이 심란하기도 하고 무서웠고, 마룻바닥도 곳곳이 숭숭 뚫려 있었습니다. 기억하기로는 예배당 아래층에는 갈 곳이 없는 빈민들이 모여 살고 있었습니다. 이와 같이 외지고 볼품없는 승평교회가 사람들에게 주목받게 되는 계기가 마련되었습니다. 김홍래 목사님께서 1953년 순천노회에서 목사 안수를 받고 본격적으로 승평교회를 섬기게 되면서 교회는 조금씩 변화가 일어나기 시작했습니다.

김홍래 목사님은 일본 와세다 전문부 이과에서 교육을 받고 귀국하여 잠시 공직생활을 하시다가 한국전쟁 시 목회자로서 부름을 받고 총회신학교에 입학하셨습니다. 김 목사님은 매우 깔끔한 성격을 가지신 분이었습니다. 외모뿐만 아니라 그분의 서재에 들어가면 언제나 책들과 교회의 모든 서류가 가지런히 정리되어 있는 것을 볼 수 있었습니다. 김 목사님은 한 번 기도가 시작되면 거침이 없었습니다. 또한 그의 열정적인 설교는 젊은이들의 마음을 사로잡기에 충분했습니다. 순천 시내 청년들은 물론이고 성경 고등학교에서 공부하는 상당수의 젊은 전도사들까지도 김 목사님의 힘 있는 설교를 들으려고 모여들었습니다.

큰 결단과 귀한 축복

새 포도주를 담을 새 부대가 필요했습니다. 다시 말하면 성도들이 불어난 것입니다. 그러나 문제는 단순하지 않았습니다. 김홍래 목사님은 성전 건축을 위해 큰 결단을 하셨습니다. 자신의 주택을 팔아서 성전 건축헌금으로 드리셨습니다. 이 일은 주변 교역자들과 평신도들에게 귀한 도전이 되었으며 또한 신선한 충격이기도 했습니다. 교회가 신축되기까지는 순천극장 뒤편에 있는 애린원(고아원)의 2층을 빌려 임시 예배 처소로(1954. 4) 사용했습니다.

승평교회는 성전 건축 후 동부東部교회라는 새 이름을 갖게 되었습니다. 동부교회의 성전이 건축되는 과정은 유년주일학교 학생들에게도 신나는 일이었습니다. 비록 초등학교 4학년 때의 일이지만

반사 선생님을 따라 동순천 다리 아래서 친구들과 돌 서너 개를 주워 온 것이 그렇게도 장하게만 여겨졌습니다. 번듯한 석조 예배당에다가 시내 어느 곳에서나 볼 수 있는 종탑이 세워지자 장년 성도들은 물론이고 어린 우리들까지도 동부교회에 다닌다는 것을 자랑스러워했습니다.

이와 같은 큰 기쁨에다가 더해서 참으로 감사할 일이 생겼습니다. 다른 것이 아니라 성전을 건축하는 동안 김 목사님의 대를 이을 아들 성천聖天(여수제일교회 목사) 군이 태어난 것입니다. 이는 어느 한 가정의 기쁨일 뿐만 아니라 온 성도들이 함께 기뻐하는 복된 일이었습니다. 물론 외아들 위로 다섯 명의 귀한 공주들이 있었습니다. 귀한 조카이기에 가끔 누님이 집에 오시면 과거 자형이 저를 업어 준 것같이 업어서 남문 다리 옆 사택까지 데려다 주었습니다.

다른 길로 인도

순천 동부교회가 한창 부흥하는 중에 김 목사님은 정읍 성광(서부)교회로 가시게 되었습니다. 서부교회는 역전 앞에 있었습니다. 저는 매산梅山중학교 2학년 때 여름방학을 맞아 정읍의 누님 집에 놀러갔습니다. 그때 하루는 양재열 장로님과 김행이 권사님이 지프 차를 대절해 오셔서 자형 부부와 함께 내장산에 갔습니다. 서래봉까지 올라가 멀리 펼쳐져 있는 김제평야의 지평선도 보았습니다.

김홍래 목사님은 정읍에 가서도 서부교회를 성광聖光교회로 명칭을 바꾸셨을 뿐만 아니라 석조 건물의 예배당을 아름답게 건축하셨습니다. 양재열 장로님은 성전 건축에서 큰 몫을 감당하셨습니다. 양 장로님 부부는 교회를 봉사하는 마음이 남달랐기 때문에 수많은 목회자들에게 칭찬을 들으셨습니다. 뿐만 아니라 당회장 김 목사님에 대한 사랑 역시 각별하셨습니다. 아마도 이때가 김 목사님의 목회 사역 중 가장 빛나는 활동 시기가 아니었나 생각됩니다.

김홍래 목사님을 도와

김포공항 가까이에 위치한 화곡동 삼십만 단지 초입에 강일(화광)교회가 창립되었습니다(1970. 9. 20). 화광禾光교회 역시 김홍래 목사님과 문재구 목사님이 기도와 힘을 모아서 설립하셨습니다. 당시 저는 하나(남영동)교회의 부교역자로 섬기고 있었습니다. 하루는 아버지께서 "자형이 화곡동에 교회를 개척하게 되었으니 가능하면 돕는 것이 어떻겠느냐?"고 하셨습니다. 저는 아버님의 말씀을 따르겠다고 하고는 당회장 송희용 목사님(남영동교회)께 죄송하다는 말씀을 드리고 창립 예배 때부터 부교역자로 섬기게 되었습니다.

배의사, 김준희 그리고 김전 장로님과 집사님 몇 분이 김 목사님을 도와 개척교회를 부흥시키는 데 온 힘을 다했습니다. 여기서 꼭 기억할 분이 있습니다. 그분은 강일교회가 설립될 당시 어려운 시기에 기도와 물질로 도와주신 대성교회 서기행 목사님(예장 합동 제89회 총회장)입니다.

저는 화광교회에서 2년간 부교역자로 섬기다가 광주 숭일고등학교의 교목으로 가서 2년 동안 학생들을 가르쳤습니다. 그리고 신길동 영복永福교회의 담임목사로 4년 간 밤낮을 가리지 않고 개척교회를 섬기며 부지런히 목회하던 중에 다시 강일교회의 부름을 받게 되었습니다. 처음에는 여러 차례 거절도 했으나 나이 많으신 아버지의 간곡한 말씀과 주위 몇 분 어르신들의 권유를 물리칠 수 없어 순종하기로 했습니다.

결국 저는 김홍래 목사님의 뒤를 이어 강일교회를 섬기게 되었습니다. 뒤돌아보니 강일교회에 부임(1977. 1. 16)한 지 어언 33년이란 세월이 꿈같이 훌쩍 흘러갔습니다.

복의 복을

한평생 목회를 하면서 한 번 정도 성전 건축을 하는 것이 목회자에게는 커다란 축복 중의 하나라고 합니다. 그런데 앞에서도 말씀드린 대로 김 목사님은 순천 동부교회를 시작으로 하여 정읍 성광교회, 서울 화곡동의 강일교회를 건축하셨을 뿐 아니라 은퇴하신 후에도 아들 김성천 목사와 함께 상명교회를 건축하셨습니다.

나이가 들게 되면 부부와 자녀들뿐이라고들 합니다. 김홍래 목사님의 자녀들은 일남칠녀입니다. 그런데 부모님을 얼마나 한결같이 잘 모시는지 참 부럽기도 합니다. 더욱 귀한 것은 외아들 김성천 목사는 목회 사역뿐 아니라 후진 양성을 위한 교수 사역에도 힘을 쏟고 있다는 것입니다. 사위 중 여섯째는 목사(홍농읍교회 김완수 목사)가 되었고 네 명의 사위들은 장로가 그리고 모든 자녀들이 주님의 교회를 잘 섬기는 좋은 일꾼들이 되었습니다. 이보다 더 큰 은혜가 어디에 있겠습니까?

  알에서 막 깨어 나온 오리새끼의 각인刻印처럼 저의 생애에도 이와 같은 모습이 얼마만큼은 있었던 것 같습니다. 이 역시 김홍래 목사님께 감사드립니다.

  성삼위 하나님의 은총이 함께하시기를 빌면서 글을 마칩니다.

하나님의 사람 박형용 목사

"하나님의 사람 박형용 목사"는 박형용 총장의 은퇴 기념 논총 〈주는 영이시라〉에 실린 글입니다.

만남은 축복입니다

열악한 사당동 신학교에 입학했습니다. 누군가 "어느 신학교를 나오셨습니까?"라고 물으면 사당동 신학교를 졸업했다고 담담하게 대답했습니다. 초기 사당동 신학교는 외견상으로만 보면 비둘기 집처럼 보잘것없는 신학교였습니다. 협소한 용산 신학교에서 고생고생 하다가 백남조(부전교회) 장로님께서 신학교에 사당동 골짜기 땅 1만여 평을 드렸습니다. 그곳에 터를 닦고 884평의 신학교 교사를 기공하는 예배를 드릴 때 교수님들을 비롯한 교계 지도자들은 정말 하나님께 감사를 드렸습니다(1965. 3. 22).

박형룡 박사는 이 기공 예배에서 "오늘 이곳에 신학교가 선다"라는 글을 통해서 천시天時가 왔다고 하였습니다.

"우리 신학교는 학교보다 수도원으로서 신학도들로 하여금 인간 세상을 멀리하고 영계를 가까이 하면서 기도하고 묵상하며 성경 보고 진리 탐구에 전심전력하게 하려는 것이 하나님의 뜻이다"(총신대학교 백년사, 제1권, 649쪽).

이 말씀대로 사당동 신학교는 말이 서울이지 동작동 국립묘지 뒤편 자리에 위치한 산골이었습니다. 앞으로 멀리 보면 관악산이 보이지만 바로 눈앞에는 철거민들이 북적대며 사는 봉천동 언덕이 시야를 가로막고 있었습니다.

건물은 외형만 그럴듯이 지어졌지 속으로 들어가 보면 칠판 하나만 덩그러니 걸려 있었습니다. 그래도 한국 교회의 개혁주의 보수 신앙의 요람이라고 해서 저는 1967년 사당동 총회신학교에 입학했습니다.

훌륭한 교수님들에게서 가르침을 받았습니다

주변 여러 목사님들의 말씀이 백 번 옳았습니다. 신학도들에게는 훌륭한 교수님 아래서 가르침을 받는 것 이상 가는 축복이 없을 것입니다.

어르신 교수님으로는 박형룡(조직신학), 명신홍(실천신학), 박윤선(신약신학), 이상근(조직신학) 교수님이 계셨습니다. 그리고 중간층에는 차남진(실천신학), 최의원(구약신학) 박사님이 계셨으며, 소장 교수님으로는 김득용(교육학), 김의환(교회사), 박아론(변증학)

교수님들이 열과 성을 다해 교수하셨습니다.

선교사 신분으로 한국에 오신 간하배(Harvie M. Conn) 교수님은 헬라어와 신약학을 강의해 주셨으며, 김희보 목사님은 성도교회를 섬기면서 구약사를 맡아서 출강하셨습니다.

무엇보다 감사할 것은 한국 교회와 세계 교회가 존경하는 박형룡 박사님과 성경 전체를 주석하신 박윤선 박사님에게 3년 동안 가르침과 사랑을 받았단는 것입니다. 두고두고 감사할 일이었습니다. 진정 학문과 신앙 그리고 인격이 우리 젊은 신학도들을 압도했습니다.

덕과 학문적 소양을 지닌 박형용 전도사를 만났습니다.

옛말에 재승덕박才勝德薄이라는 말이 있습니다. "참 아까운 사람이다. 저 재주에 덕만 갖추었다면 얼마나 좋을까" 해서 이런 말이 생겨났을 것입니다. 박형용 교수는 친구 사이라고 해서 하는 말이 아니라 무언가 달랐습니다. 그는 가슴이 넓은 사람이었습니다. 배려할 줄 아는 이였습니다. 그는 미군 부대에서 카투사(KATUSA)로 복무할 때 《뿌리》(Roots)의 작가 알렉스 헤일리(Alex P. Haley)처럼 미군 동료들의 편지를 많이 대필해 주었습니다.

신학교는 주간 중 4일 간 공부를 하지만 시험은 수시로 치렀습니다. 동기들 간에는 나이가 10년 이상 차이가 나는 형님 같은 전도사들이 있었습니다. 시험 기간이 다가오면 시골에서 목회를 하면서 신학교에 다니는 전도사들은 힘들어 했습니다. 간하배 선교사님이 가르치시는 '복음 비평사'와 같은 과목은 그 내용도 어렵거니와 평소 듣지 못하던 서구 신학자의 이름들이 서로 뒤섞여서 있어 개중에는 시험 공부에 애를 먹는 전도사님들도 있었습니다.

이럴 때면 어김없이 박형용 전도사에게 찾아가 이런저런 것을 물었는데 그때마다 그는 자신의 일을 제쳐두고 조목조목 설명해 주는 것이었습니다. '저 정도는 되어야지' 하면서 나도 모르게 머리가 숙여졌습니다. 이런 친구를 만날 수 있게 하신 하나님께 감사드렸습니다.

박형용 전도사는 언어에 은사를 받은 자였습니다

박형용 전도사(당시에는 상당수의 신학생들이 지방에서 목회를 하면서 공부를 하였기에 교수님들이 배려하는 마음으로 전도사로 불러 주셨습니다)는 영어는 물론이고 헬라어, 히브리어에 뛰어난 은사가 있었습니다.

박형용 전도사는 동산교회 교육전도사로 섬기면서도 좋은 성적을 얻어서 졸업할 때는 수석을 하여 재단이사장(백남조 장로) 상을 받았습니다. 그때부터 신학교 교수가 우리 동기들 중에서 나올 것을 기대하며 기도했습니다.

박형용 교수는 강도사 고시 후 곧바로 유학 길에 올라 미국 웨스트민스터(Westminster) 신학교와 에모리(Emory) 대학교에서 학위를 받고 총신 졸업 8년 만에(1977년) 모교인 총신의 신약학 교수로 돌아왔습니다.

동행은 행복입니다

즐거운 여행을 위한 몇 가지 조건이 있습니다

먼저 본인이 건강해야 합니다. 평소 가보고 싶은 곳으로 가야 합니다. 음식과 기후가 좋아야 합니다. 경제적인 문제 역시 뒷받침되어야 합니다. 그런데 결정적인 것은 여행의 동반자가 누구냐는 것입니다. 여기에 한 가지를 더 첨가한다면 좋은 안내자가 있어야 할 것입니다.

1981년 여름 미국 텍사스 주 캐롤튼(Carollton) 시 제일 연합 감리교회에서 열린 전도폭발 훈련(E.E.Clinic)에 참여할 기회가 있었습니다. 저는 미국 여행이 초행길이라 박형용 교수에게 동행해 줄 것을 부탁했습니다. 지금 생각하면 매우 무례한 요청이었습니다. 그러나 박 교수는 함께 가자고 흔쾌히 허락했습니다.

짧지 않은 40일 간의 여행은 한마디로 참 행복했습니다. 구경거리가 많은 선진국을 보았기 때문이 아닙니다. 우리가 머문 곳은 하루를 빼고는 호텔에 여장을 푼 적이 없었습니다. 대체로 박형용 선교사를 후원하고 그를 위해 기도하는 성도님들과 미국 목사님들을 만났습니다.

그 중에서도 잊혀지지 않는 것은 변증학을 배울 때 그렇게도 귀따갑게 소개받았던 반 틸(Van Til) 박사(은퇴 교수)를 웨스트민스터 신학교에서 만나 사진도 함께 찍는 영광을 누렸습니다. 당시 석사 과정을 마친 김성수, 권성수 목사님도 그곳에서 만날 수 있었으며, 뉴욕에서는 목회하고 있던 김의원 목사(전 총신대 총장)의 안내를 잘 받았습니다.

L.A에서는 은사이신 김의환 목사님과 사모님 그리고 친구인 서춘웅 목사님의 사랑의 환대를 잊을 수 없습니다.

이처럼 여러 사람들의 이름을 거명하는 것은 만나는 사람마다 이구동성으로 박형용 교수님의 한결같은 인품을 칭찬하셨기 때문입니다.

박형용 교수와는 부부가 함께 1989년 여름 노스캐롤라이나 (North Carolina) 대학교에서 열린 목회자 컨퍼런스(PEF)에 참가한 이후 20여 일 간 또 한 차례 미국 여행을 했습니다. 우리 두 가정은 여름철에 몇 차례 자녀들까지 대동해서 대천으로 가서 해수욕을 즐기기도 했습니다.

부부가 모처럼 해외여행까지 가서 서로 다투며 불화하는 경우가 간혹 있다고 합니다. 긴 여행을 하다 보면 그 사람의 됨됨이를 어느 정도 가늠할 수 있습니다. 박형용 목사님과 몇 차례 여행을 하면서 느낀 것은 마음씨가 더없이 선한 분이라는 것이었습니다.

친구란 무엇인가?

어느 인디언 부족은 '친구'에 대해 "친구란 나의 슬픔을 자기 등에 엎고 가는 사람이다"라고 정의한다는 글을 읽은 적이 있습니다.

박형용 교수가 한 번은 대구 동부교회에서 열리는 예장(합동) 제64회 총회(1979)에 함께 동행할 수 있느냐고 물었습니다. 저 역시 총회를 사랑하고 여러 가지로 심상치 않은 조짐이 있는 것을 느꼈는

지라 주저없이 허락했습니다. 우리는 호텔을 잡은 후 대구 서문교회로 가서 이성헌 목사님을 만났습니다. 이 목사님 역시 총회의 앞날을 걱정하며 함께 기도했습니다.

그날 밤 대구 동부교회 앞뜰에서 벌어지고 있는 소위 주류와 비주류의 세력 대결은 진정 신앙인의 모습은 아니었습니다. 눈으로는 더 이상 볼 수 없어서 바로 그 자리를 떠났습니다.

그날 이후 여러 목사님들과 뜻 있는 교수님들은 눈물과 슬픔을 가슴에 안고 살아가는 길을 택해야만 했습니다. 더 이상 떠올리고 싶지 않은 뼈아픈 과거를 이처럼 되새기는 것은 박형용 교수는 결코 쉬운 길을 택하는 이가 아니었다는 것을 말하기 위함입니다.

글을 맺기 전에 한 가지 덧붙일 것이 있습니다. 박형용 교수가 평소의 부지런함과 성실함을 가지고 《산상보훈 40강》과 《에베소서 주해》를 비롯한 20권 이상의 귀한 저서를 목회자와 신학생들을 위해 저술한 수고에 대해서 이 땅의 목회자의 한 사람으로서 감사드립니다.

박형용 총장(성경신학대학원대학교)은 어느 한두 사람의 친구이거나 어느 한쪽 그룹에 속한 사람이기 전에 한국 교회와 성도들을 누구보다 깊이 사랑하는 이였습니다. 그는 진정 하나님의 사람이었습니다.

나의 동역자 황정심 전도사

"나의 동역자 황정심 전도사"는 《갈림길에 선 여인 참길 찾았네》(크리스챤서적, 2004)에 실린 글입니다.

기도회에서 황 전도사님을 만남

첫사랑은 아련하고 아름답기 마련인가 봅니다. 목회자에게 첫사랑이란 첫 번째 목회 사역지라 할 것입니다. 영복교회는 나의 첫사랑의 목장이었습니다.

황정심 전도사님과의 첫 만남은 영복교회 설립을 위한 기도회에서 이루어졌습니다. 서울역 앞 도동에 위치한 서동익 장로님(중앙대 철학과 교수) 댁에서 있었던 기도회에 부친(문재구 목사)을 모시고 참석했습니다.

그곳에는 서동익 장로님(새순교회) 내외(강사선 권사님)와 윤남중 목사님(새순교회), 한제호 목사님(성일교회), 황정심 전도사님 그리고 한중복 권사님(성일교회)이 와 계셨습니다. 이분들은 한국 교회에 잘 알려진 분들이셨으며 평소 황 전도사님을 돕고 기도를 아끼지 않는 어른들이셨습니다.

한제호 목사님은 영복교회라는 귀한 이름을 지어 주신 분이며, 문재구 목사님은 교회가 창립된 후 사역자가 준비될 때까지 주일 낮 예배를 지켜 주셨습니다. 서동익 박사님의 사모님이신 강사선 권사님은 과거 광주 수피아여고에서 황정심 전도사님과는 사제지간의 관계이셨습니다. 윤남중 목사님은 새순교회에서 시무하셨는데 황 전도사님이 잠시 동안 그곳에서 봉사하신 일이 있었습니다. 그리고 한중복 권사님은 성일교회의 성도로서 영복교회 설립을 위해 개척 헌금을 지원해 주신 분이라는 것을 후일 알게 되었습니다.

저는 황 전도사님과는 별 관계가 없었고, 내가 왜 이 자리에 참석해야 하는지 약간은 어색하기도 했습니다. 그런데 웬일인지 영복교회의 성도들이 사용할 의자를 나르고 추위를 막기 위해 유리창에 비닐을 치던 일은 아직도 기억이 생생합니다.

영복교회의 창립 예배(1972년 1월 9일 둘째 주일)에 참석해 보니 약 18평 정도 되는 예배실이 축하객으로 꽉 차 있었습니다. 그러나 막상 설교할 교역자가 있는 것도 아니고 합심해서 일할 일꾼들이 있는 것 같지도 않아서 안타깝게만 느껴졌습니다. 왜냐하면 1970년대에 한국 교회의 분위기가 뜨겁긴 했지만 여전도사의 신분으로 개척 교회를 섬기는 것은 그리 만만한 일이 아니었기 때문입니다.

당시 저는 광주 숭일고등학교 교목으로 청빙을 받은 상태였습니다. 지금 와서 하는 말이지만, 제가 마치 요나 선지자처럼 행동하는 것이 아닌가 생각되었습니다. 그렇다고 "목사님이 영복교회를 맡아서 하세요"라고 직접적으로 말하는 사람도 없었습니다. 영복교회는 황정심 전도사님이 알아서 할 일이지 관심 끊으라는 식으로 생각하며 모든 일을 잊어버리고 싶었습니다. 그러나 그것으로 모든 것이 끝난 것은 아니었습니다.

동역자로서 영복교회를 함께 섬김

2년이 흐른 후 결국 영복교회의 부름을 받고 학기 중이었으나 앞뒤 돌아보지 않고 교목직을 사임한 뒤 영복교회에 부임했습니다(1973년 10월 26일).

당시 개척 단계의 영복교회는 가정을 가진 젊은 문 목사와 여전도사님을 모실 만한 형편이 아니었습니다. 그래도 영복교회에 대해 이전에 가졌던 막연한 부담감만은 떨쳐버릴 수 있다는 것으로 만족해야 했습니다.

황정심 전도사님은 여느 교회의 여전도사님과는 다르셨습니다. 관리 집사의 역할에서 시작하여 얼마 되지는 않아도 담임목사의 사례비를 챙겨 주는 데까지도 신경을 쓰셨습니다. 한번은 걱정이 되어서 황 전도사님은 무얼 먹고 사시느냐고 했더니 자신은 하나님께서 다 책임지시니까 염려하지 말라고 하셨습니다.

황정심 전도사님과 문인현 목사는 여러 가지 면에서 서로 어울리지 않을 것이라고 생각할지 모르지만 목회 사역을 하는 중에는 별 문제가 없었습니다. 이는 아마도 하나님의 교회와 성도들을 사랑하는 마음에서만큼은 서로 하나가 되었기 때문일 것입니다.

황 전도사님은 보기에 따라서는 웃어른들에게 억지를 쓰시는 일이 있었습니다. 사실 황정심 전도사님은 저의 넷째 누나와 같은 나이였습니다. 그럼에도 불구하고 문 목사를 대할 때는 깍듯이 예의를 갖추어 주셨습니다.

주경신학자로 한국 교회에 알려진 박윤선 박사님은 젊은 전도사들에게 늘 "교회에 부임하면 일단 3년 동안 죽을 힘을 다하라. 바로 이 3년 동안만 잘 견디며 봉사하면 그 다음 30년 목회는 잘 풀릴 것이다"라는 말씀을 잊을 만하면 자주 강조하셨습니다.

이런 은사 목사님의 말씀을 나의 목회 사역에 적용시켜서 영복교회에 보내신 것은 3년 동안 무슨 일이 있더라도 교회 부지를 사고 자신의 건물에서 예배를 드리라는 의미로 보았습니다.

그런데 시간이 훌쩍 지나 3년차인 1976년 초에 들어섰는데도 영복교회 신축 부지라는 팻말을 세울 한 평의 땅을 살 돈도 없었습니다. 황 전도사님과 함께 교회 부지나 건물이 들어설 자리를 구하려고 신길동 골목골목을 돌아다녔습니다. 듣기에 따라서는 참으로 황당하다고 할지 모르지만 사실입니다. 아직 나이가 젊어서인지 모르지만 3년 만에 이 일이 이루어지지 않으면 교회를 떠날 마음을 나 스스로 굳게 먹고 있었습니다.

바로 그해 4월경, 하나님께서 미리 예비해 놓으신 한옥집(대지 96평에 25평의 안채 그리고 10평 정도의 부속실)을 만났습니다. 계약금도 없었으나 처음부터 빌린 돈으로 계약금을 지불하고 잔금까지 무사히 치렀습니다. 그리고 한옥을 개조하여 예배 처소로 꾸며 놓고 예배를 드릴 때의 감격이란 한마디로 온 세상을 다 얻은 것과도 같았습니다. 밥을 먹지 않아도 배부르다는 말이 바로 이런 것이구나 하는 것을 실감했습니다.

이전에 2층 교회에서 사역할 때처럼 새벽 기도회를 인도하다가 또는 부흥사경회 중에 이웃 주민들에게 항의를 받는다거나 교회 정문을 발길로 차일 일이 없을 것을 생각하니 잠을 자다가도 벌떡 일어나서 하나님께 감사 기도를 드린 적이 한두 번이 아니었습니다.

이와 같은 기쁨은 비단 교역자만이 아니라 어린 주일 학생들의 얼굴에서도 읽을 수 있었습니다. 날마다 감사와 찬송의 연속이었습니다.

은혜를 함께 나누길 원하는 여종의 소망

1977년 1월 초 여러 목사님들의 권유로 뜻하지 않게 화광(강일)교회에 부임하게 되었습니다. 참으로 영복교회 성도님들과 또한 함께 동역하던 황정심 전도사님에게는 죄송한 일이었습니다.

황 전도사님은 건강하신 분이 아니었습니다. 언젠가는 심방 중에 "문 목사님, 저는 고기를 못 먹으면 고기가 눈에 보여요"라고 하시는데 마음이 아팠습니다.

황 전도사님에게는 하나뿐인 외아들 김성득 목사님이 있었습니다. 김 목사는 동생과도 같고 제자와도 같은 목사였습니다. 가끔은 아들을 돌보지 못하는 자신의 처지와 형편 때문에 황 전도사님은 마음 고생을 심히 하셨습니다. 과거 부유한 장로님 가정에서 성장했기 때문에 나름대로 쓸쓸이가 있어서 더욱 마음이 편치 못하셨던 것같이 느껴졌습니다. 황 전도사님은 자신의 건강 문제 그리고 자녀의 문제를 해결하는 길은 오로지 기도뿐이라는 사실을 어느 누구보다도 잘 알고 계셨습니다.

황 전도사님은 밖에서 생각하는 것같이 활동적인 전도사님인 것만은 사실입니다. 그런데 이에 못지않게 그분에게는 하나님께 기도하는 경건함이 있었습니다. 이와 같은 하나님과의 단독적인 만남의 비밀은 전도사님의 사역 후기와 은퇴 이후에 더욱 진지하게 되었다고 생각합니다.

황정심 전도사님은 한국 교회의 어느 여전도사님보다 축복받은 전도사님입니다. 왜냐하면 전도사님에게는 하나님께 감사할 일들이 너무나도 많았기 때문입니다. 외아들을 하나님의 종으로 드린 일이 첫 번째로 감사할 일이며, 다음으로는 하나님의 교회인 영복교회를 세운 일이요, 끝으로는 육체의 연약함을 가졌음에도 불구하고 지금까지 하나님께서 영육 간에 강건함을 주셔서 그 은혜를 간증할 수 있는 일일 것입니다.

끝으로 주의 여종의 남은 생애가 석양의 태양처럼 더욱 찬란하길 기도드립니다.

"잊혀지지 않는 사람은 결코 죽은 것이 아니다."
-Samuel Butler

"그 이름들이 생명책에 있느니라"
-빌립보서 4:3

제3부
주의 사랑을 받은 종들 (추모의 글)

추모비 앞에서
한 식구인데……
속 깊은 형님
불러 보고 싶은 이름, 동원아!
당신은 좋은 사람
기립 박수를 받아야 할 여종
오래도록 기억하겠습니다

추모비 앞에서
−이원설 장로님 추모비 제막식 예배 설교문

본문 시편 23:1~2; 마태복음 6:33

오늘 이 자리에서 부족한 종이 주의 말씀을 함께 나눌 수 있도록 하신 우리 하나님께 먼저 감사를 드립니다. 저는 어느 모로 보아도 이 귀한 자리의 뒷자리에 서야 할 자입니다. 여러 선배 목사님들과 성도들 그리고 사랑하는 유족들 앞에서 말씀을 드리는 것이 분명코 분수에 넘치는 일인 줄 알면서도 순종하는 마음으로 섰습니다.

이 시간 하나님의 사랑과 성령님의 위로가 우리 모두와 이 예배 위에 함께하실 줄 믿습니다.

고故 송계松溪 이원설 장로님은 저에게는 역사학만이 아니라 신앙인의 아름다운 모습과 헌신의 삶을 보여 주신 은사님이셨습니다. 추모 1주년을 맞이하면서 여러 가지 추억과 생각들이 저의 마음을 사로잡았습니다.

설교를 부탁받고서 저는 고 이원설 박사님께서 쓰신 책 중에서 자서전이라고 할 수 있는 《50년 이후의 약속》(Write the Vision)을 다시 한번 책장에서 꺼내 읽어 보았습니다.

물론 여기에 참석하신 분들 중 대부분이 이 책을 읽어 보셨으리라고 생각합니다. 읽다 보면 그 내용은 한 편의 드라마보다 더 극적이라는 것을 느꼈을 것입니다. 그 내용은 조금도 과장된 것이 아니라 모두 역사적 사실입니다. 그 속에는 이원설이라는 한 사람의 신앙고백적인 삶이 고스란히 담겨 있습니다. 그리고 그의 사랑과 이제까지 줄기차게 걸어온 학문의 길이 손에 잡힐 듯이 생생하게 기록되어 있습니다.

정말 기적과 같은 하나님의 간섭과 섭리가 청년 이종욱(이원설 교수의 젊은 날의 이름)의 삶을 감싸고 있었다는 것을 다시 한번 확인하게 되었습니다.

저는 이 귀한 시간에 다른 여러 말을 하는 것보다는 고 이원설 장로님께서 그의 책(자서전)에서 자신의 생명줄처럼 사랑하고 간증처럼 고백하셨던 성경 구절들을 다시 한번 되새기고 싶습니다.

《50년 이후의 약속》에서 처음 발견된 말씀은 시편 23편 1-2절입니다.

"주는 나의 목자시니 내게 부족함이 없으리로다 그가 나를 푸른 초장에 누이시며 쉴 만한 물가로 인도하시는도다."

다음으로 연합군이 광주시를 탈환한 이후 목포에서 인천으로 가는 배 위에서 한 신학생을 통해 이원설(청년 이종욱)에게 주신 하나님의 말씀이야말로 장로님의 신앙과 학문의 길잡이가 되는 말씀이 되었습니다. 그 말씀은 바로 마태복음 6장 33절입니다.

"너희는 먼저 그의 나라와 그의 의를 구하라 그리하면 이 모든 것을 너희에게 더하시리라."

그리고 인천으로 항해하는 중 '성경의 세 가지 말씀'을 더 주셨습니다.

"너희 안에서 행하시는 이는 하나님이시니 자기의 기쁘신 뜻을 위하여 너희로 소원을 두고 행하게 하시나니"(빌 2:13).

"주께서 내 장부를 지으시며 나의 모태에서 나를 조직하셨나이다"(시 139:13).

"내가 너를 복중에 짓기 전에 너를 알았고 네가 태에서 나오기 전에 너를 구별하였고"(렘 1:5).

《50년 이후의 약속》은 하나님의 말씀(합 2:2-3)으로 끝을 맺고 있습니다. 이 말씀은 고 이원설 장로님의 비전이며 자신의 사명과도 같은 말씀입니다.

"이 묵시를 기록하여 판에 명백히 새기되 달려가면서도 읽을 수 있게 하라 이 묵시는 정한 때가 있나니 그 종말이 속히 이르겠고 결코 거짓되지 아니하리라 비록 더딜지라도 기다리라 지체되지 않고 정녕 응하리라."

《50년 이후의 약속》의 에필로그에서 이원설 장로는 그의 삶을 다음과 같은 말로 요약했습니다.

"내가 미래 자서전을 글로 남긴 이후 40년 간 실제로 내 삶에는 어떤 일들이 일어났던가? 결코 잊을 수 없는 일들이 너무 많아서 이 책에 다 소개하지는 못했지만, 내 마음의 판에서 절대 지울 수 없는 한 가지는 바로 하나님께서 내가 비전을 이루어 갈 수 있도록 언제나 이끌어 주셨다는 것이다."

설교의 말씀을 맺고자 합니다.

영국의 작가 사무엘 버틀러(Sammuel Butler)는 "잊혀지지 않는 자는 죽은 것이 아니다"라고 했습니다. 고 이원설 장로님은 결코 죽은 것이 아닙니다.

서강대학교 장영희 교수는 《아버지께 못다한 말》에서 "우리가 사랑했던 사람이 죽을 때 우리의 일부분도 함께 죽는다"고 했습니다. 옳습니다. 이원설 장로님을 사랑하는 우리 모두는 살아 있으나 가만히 생각해 보면 죽은 자인지도 모릅니다.

이원설 교수님, 이원설 총장님, 이원설 장로님 사랑합니다. 진정으로 존경합니다. 당신께서 베풀어 주신 아름다운 사랑과 그토록 피맺히게 외치셨던 주님의 교회와 민족 사랑을 그리고 주님 사랑을 마음속 깊이 간직하며 또한 전하겠습니다.

당신의 이름 이원설을 이 돌 위에 새겼습니다. 바로 이 이름 '이원설'이 주님의 생명책에 기록되어 있음을 우리 모두는 믿습니다. 그리고 언젠가 그날이 오면 우리 모두가 함께 주님 앞에 서게 될 것을 소망합니다.

유족들을 위한 사랑과 기도를 부탁드립니다. 감사합니다.

주후 2008년 11월 29일(토)
일영 신세계 공원묘원에서
강일교회 문인현 목사

○…이원설 장로님은 1930년 황해도 장연군 용연면 송계리 출생으로 케이스 웨스턴 리저브 대학원에서 역사학 박사 학위를 받았으며 경희대 사학과 교수와 부총장, 한남대 총장을 지내셨습니다. 또한 동신교회(통합)에서 장로로 섬기셨습니다. 저는 경희대에서 장로님에게 역사를 배웠으며 I.V.F.와 기독교 리더십 연구원에서 지도를 받기도 했습니다.

*이 추모글의 성경 출처는 개역한글입니다.

한 식구인데……
−문일호 목사님을 그리며

한 솥에서 밥을 먹으면 한 식구라고 하는데
이십 년을 한 울타리에서 살았으면서도
가까울 수 없었던 형님께 더없이 미안합니다.

꼭 한 아버지 한 어머니 태에서 낳아야만
형과 동생이 되는 것이 아닌데도
따뜻하게 부르지 못한 것이 못내 안타깝습니다.

뒤늦게라도 철이 났는지 이른 새벽이면
형님과 형수 위해 기도하게 된 것은
참으로 하늘이 내려 주신 크신 은총입니다.

－주후 2001년 12월 17일 하나님의 부르심을 받다.

○…문일호 목사님은 1936년 전남 구례 출생으로 전남대 철학과를 졸업하고 광주 숭일중학교 영어 교사로 봉직하셨습니다. 느지막한 나이에 개혁신학원을 졸업한 후 목사 안수를 받고 광주 신일교회를 개척하여 담임목사로 섬기셨습니다. 일호 형님은 저와는 사촌지간이었으나 20년 간을 친 형님처럼 함께 살았습니다.

속 깊은 형님
−윤낙중 목사님을 그리며

털코트를 입어도 귀가 날아갈 듯한데
별 시원치 않은 바바리코트를 입고서도
아무렇지 않던 형의 모습이 눈에 선합니다.

어쩌다 한번 전화를 걸라치면
첫마디가 "그래! 목회 잘 하는가?"라는
속 깊은 형의 음성을 되새겨 봅니다.

새벽 산길을 늘상 호젓이 올랐는데
성도들과 마지막을 함께함은
진정 하늘의 뜻으로 받겠습니다.

-주후 2006년 5월 2일 주의 부르심을 받다.

○…윤낙중 목사님은 1938년 전남 함평 출생으로 광주사범대, 건국대 행정학과, 총신대를 졸업하고 1968년 목사 안수를 받은 후 특별히 한국 교회 연합 사업(한기총, C.T.S)과 예장 개혁(87차) 총회장으로 섬기셨습니다. 목사님은 에덴교회에서 원로 목사로 은퇴한 후 구제를 위해 성도들과 함께 시골교회로 가다가 교통사고로 주의 부르심을 받으셨습니다. 저는 7년간 윤낙중 목사님을 비롯한 몇몇 목사님들과 함께 성경 공부를 했으며, 금요일이면 아멘기도원에 가서 합심하여 기도했습니다.

불러 보고 싶은 이름, 동원아!
-김동원 집사님을 추모하며

김 집사! 연말연시라 피곤했나 보지 입술까지 부르트고…….
사업도 좋지만 건강도 생각할 나이가 아닌가?

남에게 있는 병일 줄 알았던 그 몹쓸 병이
김 집사에게 닥칠 줄이야 생각도 못했네.

목사님! 50년의 십일조인 5년만 더 살 수 있도록
기도해 주세요.
지난 세월이 너무도 부끄럽고 한스럽습니다.
이제 병에서 나으면 죽도록 충성할 것입니다.
친구도 모두 전도할 것이고
라고 부탁하기에

날마다 잠들기 전에
하나님! 우리 김동원 집사님 한번 잘 봐 주세요
라고 부탁했었네.
웬일인지 부족한 이 문 목사의 기도에는 응답이 없어
한편으로 하나님께 섭섭하기도 했었지.

고향 땅이 가까워지니 과거 40년 전 매산등에서
공부하고 하교할 때면 나는 매곡동 돌집으로
너는 저 너머 향림사 돌고개로 올라가던 일이
마치 사진의 필름처럼 머리에 스쳐 가네.

그래도 친구 목사를 돕겠다고 봉사한 지 20여 년
교회에서 그리고 친구들만 모이는 자리에서도
한결같이 우리 문 목사님! 우리 문 목사님!
불러 줄 때면 내심으로 미안했었네.

목사와 성도의 사이가 무엇이기에
목사와 성도의 사이가 무엇이기에

이제 한번 마음놓고 불러 보고 싶네

동원아! 참으로 미안하다.

동원아! 참으로 고맙다.
친구로서 나는 낙제생이며
목사로서도 나는 참으로 부족했었네.

김 집사! 당신은 참으로 행복한 자일세.
주님께서 십자가에 못 박히신 금요일 날 신음하더니
주님께서 부활하신 복된 날에 천국으로 부름을 받았네.
당신을 어머니 곁에 묻기 위해 먼길을 와 보니
명주 솜처럼 하얀 눈을 온 땅에 덮어 놓았네.
이것도 하나님의 은총이 아닐 수 없네.

동원아! 모처럼 부탁 한번 하겠네.
이제는 자네가 기도할 차례이네.
아내와 혜리, 미리, 주리 위해서 기도할 때면
이 부족한 종과 자네 위해 철야하며 기도하던
강일교회 성도들도 잊지 말게나.

금년 성탄절을 우리는 이 땅에서 기다리나
자네는 주님과 큰 잔치를 함께 할 것을 생각하니
참으로 부럽기도 하네.

하나님! 우리 동원 집사님 잘 있습니까?

하나님! 우리 동원이 상급 좀 많이 주세요!

그의 시신을 안장하기 위해 장의차를 타고 가는 중에
고향 땅이 가까워지자 나도 모르게 종이 한 장을 꺼내
특별한 형식도 없이 생각나는 대로, 정말로 감정이 흘러가는 대로
앞뒤를 생각지도 않고 몇 자 써 내려가기 시작했습니다.
누가 무어라 해도 좋을 뿐입니다.
하관 예배 설교 후 나는 오랜 친구(동원)의 이름을 눈물로 불러 보았습니다.
다시는 부르지 않아도 좋을 다정한 이름이었습니다.

-주후 1996년 12월 1일 *하나님의 부르심을 받다.*

○…김동원 안수집사님은 순천 매산중·고등학교와 연세대를 졸업했으며 강일교회에서 회계 집사로 수년 간 봉사했습니다. 가족으로는 아내 정진영 권사와 세 딸이 있습니다. 저는 김동원 집사와 매산중학교 제12회 동기 동창생입니다.

당신은 좋은 사람
―김경두 집사님을 추모하며

화평의 사람 당신은 하나님의 아들
당신은 언제나 낮은 곳에 자리잡고
섬기는 손길로 살았기에
당신이 가는 곳 그리고 서는 곳에는
늘상 웃음이 봄꽃처럼 피었습니다.

믿음의 사람 당신은 하나님의 사람
당신은 적은 믿음을 가지고서도
연약한 형제들을 돌보았기에
당신이 떠난 자리에는
돌 같은 진주들을 잉태시켰습니다.

사랑의 사람 당신은 하나님의 모습
당신은 베풀길 좋아하였고
유난히 사랑을 노래할 때면
주님과 형제들에 대한 애틋함이 있어
이슬 같은 눈물을 감추지 않았습니다.

-주후 2000년 9월 12일 주님의 품에 안기다.

○…김경두 안수집사님은 아내 김영순 권사와 세 자녀가 있으며 강일교회의 모든 성도들을 아끼던 주의 종이었습니다.

기립 박수를 받아야 할 여종
-서성숙 권사님을 추모하며

벼르고 벼르다가 대전 유성병원에 입원하고 계시는 서성숙 권사님을 심방하게 되었습니다. 정초라 많은 사람들과 심방하기도 그렇거니와 더욱이 권사님께서는 중환자실에 계셨기에 몇 분만 모시고 아침 일찍 나섰습니다.

입원실에 들어가 보니 권사님은 마치 불기운이 다해 가는 화롯불처럼 누워 계셨습니다. 손녀 김경진 집사가 할머니를 깨워보려고 눈꺼풀을 위로 당기기까지 해보았으나 별 소용이 없었습니다.

한때 권사님이 섬기시던 상도제일교회에서 은퇴하고 미국으로 이민 가신 백병건 목사님께서 잠시 귀국하여 병원을 방문하셨을 때의 일입니다. 따님이 "어머니, 백병건 목사님이 오셨어요!"라고 하시자 "그래 문 목사님이 오셨다고?"라고 해서 매우 당황하셨다는 이야기를 들었을 때, 참으로 부끄럽기도 하고 죄송스럽기도 했습니다.

결국 '서 권사님과 이제 마지막 대화는커녕 얼굴만 보고 가는구나' 생각하니 목회자로서 할 말도 없고 심사가 말이 아니었습니다. 맥없이 되돌아 귀경하려고 하는데 권사님의 따님이 "목사님! 오늘 오후 5시에도 면회 시간이 있으니 다시 한 번 예배드려 주세요"라고 부탁해 오시는 것이었습니다.

이제까지 이런 경우는 없었습니다. 저야 목사로서 문제가 아니지만 따라오신 분들에게 미안해서 곧바로 대답을 못하자 이내 권사님들도 제 입장을 이해하셨던지 "목사님, 그렇게 하세요"라고 해서 미안하던 차에 더 위로해 드릴 양으로 오후 5시까지 기다렸습니다.

그런데 웬일입니까? 몇 시간 전까지도 전연 눈을 뜰 기미가 보이지 않으시던 권사님께서 눈을 살며시 뜨고 계신 것이 아닙니까? 물론 말씀은 한마디도 못하시지만, 이 사람 저 사람 두리번거리시면서 보시는 것이었습니다.

그저 바라보시는 권사님의 눈길과 그 평안한 모습 속에서 저는 지난날의 수많은 일들이 회상되었습니다. 찬송과 기도로 예배를 마친 후 권사님께서는 피곤하신 듯 다시 눈을 감으셨습니다.

'그래, 내가 참으로 잘 왔다. 내가 참으로 오늘 심방을 잘 했구나'라는 생각에 저는 조금이나마 미안한 마음이 수그러들었습니다.

권사님은 지난 1월 12일 하나님의 부르심을 받아 주님의 나라로 가셨습니다. 발인식 예배는 평소 권사님의 부탁에 따라 부족한 종이 집례를 했습니다. 서성숙 권사님을 보내 드리면서 아무래도 아쉬운 마음에 추모하는 글을 몇 자 적었습니다.

동에서 번쩍 서에서 번쩍 하셨던
그 가뿐한 발걸음이 생각납니다.
권사님께서 섭섭해 하지 않으시다면
제비 권사님이라고 감히 부르고 싶습니다.

저희 어머님과는 언니와 동생
이상으로 다정하셨던 그때 그 순간들이 회상됩니다.
권사님께서 양해해 주신다면
이모 권사님이라고 부르고 싶습니다.

황해도 특유의 말씨로
"신일이 학교에 잘 다니고 있어"라고
입버릇처럼 물으실 때면 마음이 아팠습니다.
(권사님은 이미 약간의 치매 증상이 있었다.)
손녀딸 말마따나 바보 할머니
아니, 바보 권사님이 되신 것은 아닐 것으로 믿습니다.

제비 권사님! 이제 따스한 주님의 품에서 안식하세요.
이모 권사님! 앞서간 성도들과의 만남은 어떠하신지요.
바보 권사님! 손수 뿌린 씨앗의 열매들을 지켜 봐 주세요.

당신은 기립 박수를 받아 마땅한 주의 여종이셨습니다.

-주후 2001년 1월 12일 주의 부르심을 받다.

○…서성숙 권사님은 월남하신 성도로, 상도제일교회에서 권사로 섬기시다 화곡동으로 이사한 후 강일교회 권사로 취임하셨습니다. 서성숙 권사님은 특별히 저의 어머니(마일례 권사)와 자매 같은 사이였습니다.

오래도록 기억하겠습니다
-이윤옥 집사님을 추모하며

집사님은 늘상 찬송을 부르실 때면
나지막하게 자신만의 목소리로 부르셨습니다.
그래도 그 찬송을 더 이상 들을 수 없어서
못내 아쉬움으로 남습니다.

검정 털모자를 쓰고 교회에 오실 때면
겨울이 가까이 왔음을 느끼게 해주셨습니다.
항상 웃음 띤 모습을 보여 주신 것은
우리 모두의 기쁨이었습니다.

이윤옥 집사님이라고 불러야 하는데도
가끔은 김윤옥 집사님이라고 불렀습니다.

부족한 종의 연약함을 용서해 주신다면
귀한 어머님으로 오래도록 기억하겠습니다.

-주후 2003년 12월 26일 주의 부르심을 받다.

○…이윤옥 집사님은 강일교회 이건영 장로님(자부 정해숙 권사)의 어머니로서 조용하게 섬겼으나 심지가 굳은 성도이셨습니다.

"예수 그리스도의 교회보다 적절한 것은 없다."
　　　　-Philip Yancey

"교회는 성도의 어머니이다."
　　　　-John Calvin

"교회는 그리스도의 신부이다."
　　　-에베소서 5:22-27

제4부
건강한 교회 세우기 (목회 서신)

목회자의 행복
믿음의 사람은 기도합니다
예배는 성도의 생명줄입니다
모든 영광을 우리 주님께
성경적 시각으로 살아갑시다
성령의 단비를 주옵소서
반 고흐의 모작
믿음은 삶입니다
슬퍼하는 자는 복이 있나니
두 가지 진단 질문
행복하여라, 긍휼의 사람이여
목사와 설교
하루 일곱 번씩 왕께 찬양합시다

목회자의 행복

"목회자의 행복(강일교회의 비전)"은 〈월간 목회〉(2007년 12월)에 실린 글입니다.

거창하거나 화려하지는 않더라도 어느 누구에게나 꿈이 있게 마련입니다. 더욱이 목회자들에게는 목회에 대한 자기 나름대로의 소위 '목회 철학'이라는 것이 있습니다.

목회자의 비전은 마땅히 모든 성도들에게 공감이 되어야 합니다. 더 나아가서는 한 목표를 향하여 진군하는 동역자가 되는 과정이 필요합니다. 물론 이는 말처럼 쉬운 일은 아닙니다. 이와 같은 작업은 하루아침에 되는 것이 아니고 농부의 인내와 부단한 설득 그리고 성령 안에서 기도로 이루어 나가야 할 것입니다.

우리 성도들의 힘찬 목소리를 들어보세요.

1997년 봄 성도 몇 분과 함께 성지순례를 갔습니다. 시내산을 등정한 후 예루살렘으로 향하는 광활한 사막을 버스로 이동하게 되었습니다. 무료한 시간을 때우기 위해서 가이드의 제안에 따라 각자 자신을 간단하게 소개하는 시간을 갖게 되었습니다. 제 차례가 되었을 때 저는 별로 할 말이 없어 "여러분은 이 세상에서 가장 좋은 교회를 아십니까?"라고 하자, 미처 말이 끝나기도 전에 마치 약속이나 한듯이 "우리 강일교회!"라고 열두 분의 성도들이 한 목소리로 외쳤습니다. 이에 그만 버스 안에 같이 동행하였던 여러 목사님들과 타 교회 성도들이 깜짝 놀랐다. '그래, 목회자가 바로 이런 맛으로 성도들을 섬기는구나!' 저는 그날처럼 감격스러웠던 때가 없었습니다. 물론 이는 매우 주관적이기는 하지만 지금까지도 우리 교회 성도들은 강일교회가 세상에서 가장 좋은 교회라는 사랑의 고백을 하고 있습니다.

목회자에게는 나름대로 귀한 꿈이 있다.

지난 40여 년 간의 목회 사역 중 강일교회에서 꼭 30여 년을 섬기는 축복을 받았습니다. 이제까지 목회자로서 변함없는 기도가 있다면 다음 세 가지라고 할 것입니다.

무엇보다도 우리 성도들을 하나님 나라에서 한 사람도 빠짐없이 만나는 것이 목회자인 저의 최대의 소원이며, 목회의 제1의 목표입니다. 이는 모든 목회자들의 한결 같은 소망일 것입니다.

저는 한국 교회를 바라보면서 몇 가지 안타까운 것을 발견했습니다. 그 중에 대표적인 것으로는 한국 교회 목회자들의 주체의식에 무엇인가 문제가 있는 것이 아닌가 하는 점입니다. 어떻게 들릴지 모르겠으나 모든 교회가 거기서 거기입니다. 예컨대 장로교회 같은 감리교회, 오순절교회 같은 장로교회가 숱합니다. 단순히 분위기가 그렇다는 것이 아니라 예배에서부터 설교까지, 그리고 성도들의 신앙의 형태까지도 별반 다를 것이 없습니다. 자신만의 색깔을 잃지 않는 교회들이 되었으면 합니다. 여기서 교파와 교단을 따지자는 것이 아닙니다. 한국 초대교회의 순수한 신앙과 이 민족 교회의 아름다운 역사와 전통을 지켜 나가자는 말입니다.

혹시라도 외국에서 온 성도들이 한국에 머무르는 동안 가장 모범적인 한국 교회를 한 번 소개받고 싶다고 할 때 비록 큰 교회는 아니지만 "우리 강일교회로 와 보라"고 할 수 있는 교회가 되길 내심 소망하고 있습니다.

격변하는 시대 속에서 기독교 지성으로 단단히 무장된 인물이 절실히 요구되고 있습니다. 저는 앞으로 한국과 아시아 교회, 더 나아가 이 민족과 세계를 책임질 제2, 제3의 모세와 같은 귀한 종들이 배출될 것을 굳게 믿고 성도들과 함께 기도하고 있습니다. 이는 저와 우리 강일교회 성도들의 포기할 수 없는 비전입니다.

믿음의 사람은 기도합니다

지난 2002년은 새해 벽두부터 '월드컵'과 '대통령 선거'가 우리 모두의 관심사였습니다. 한일 양국이 공동 주최한 월드컵은 꿈 같은 4강의 신화를 이루었습니다. 새 대통령을 뽑는 선거는 예측지 못한 이런저런 사건들이 있었으나 일단 무사히 마무리되었습니다. 이 두 가지 국가적인 큰일을 치르면서 사회·정치적으로 젊은이들의 힘과 그들의 존재가 새롭게 인식되는 계기가 자연스럽게 마련되었습니다. 21세기에 들어서면서 세계는 놀라운 변화에 직면하게 되었습니다. "변해야 산다. 변하지 않으면 살아남지 못한다"는 절실한 목소리가 이곳저곳에서 들리고 있습니다.

교회 역시 이 같은 변화의 물결에서 예외일 수는 없습니다.

첫째, 성도들은 우리 자신이 처한 현실을 바르게 인식해야 합니다.

둘째, 변화에 대처하기 위해서는 희생이 따른다는 것을 각오해야 합니다.

　영국 기상청은 엘리뇨의 영향으로 금년은 무더운 한 해가 될 것이라고 기상 예보를 했습니다. 기상은 미리 예측할 수 있습니다. 그렇지만 2003년 새해에 무슨 일이 어떻게 발생할지 예측할 수 있는 사람은 한 사람도 없습니다. 지난 연말부터 북한의 핵 문제로 2003년은 국제 관계가 매우 복잡해질 것이라 생각하고 있고, 전쟁을 염려하는 사람도 있습니다. 교회와 성도들이 정치나 사회와 결단코 무관할 수 없기에 몇 가지 말씀을 드렸습니다. 분명한 것은, 믿음의 사람들은 이런 일로 말미암아 염려할 것이 아니라 도리어 하나님 앞에 엎드려 기도해야 할 책임이 있다는 것입니다.

　다시 한 번 생각해 봅시다. 지난 2002년은 하나님께서 우리 성도들의 기도를 응답해 주셨습니다. 정말 놀랍게도 교육사회관을 주셨고, 20여 명의 성도들이 신구약 성경을 필사하는 은혜도 주셨습니다. 그리고 김동학 선교사를 러시아 연해주로 파송하도록 하셨습니다.

　이제 희망의 2003년에는 특별히 온 가족의 구원을 위해서 합심하여 기도해야겠습니다. 이는 우리 하나님께서 가장 기뻐하시는 일인 줄 믿습니다. 끝으로 주님의 평강과 은혜가 새해에 성도님들의 가정에 함께하시기를 빕니다.

주후 2003년 1월 1일
궁산 아래에서
강일교회 문인현 목사

예배는 성도의 생명줄입니다

2003년의 성탄절은 예년에 비해 아주 조용했습니다. 저는 조용한 성탄절이 참 좋았습니다. 빼앗긴 법궤를 찾아온 이스라엘 백성의 마음을 조금이나마 이해할 수 있을 것 같았습니다.

매사에는 기본이 있습니다. 바로 이 기본이란 학생들이나 스포츠 선수들 그리고 기업에서도 강조되고 있습니다. 리더십 분야에서 세계적인 지도자로 손꼽히는 스티븐 코비(Stephen R. Covey) 박사는 《소중한 것을 먼저하라》(First Things First)라는 책 속에서 제4세대의 경영은 시간의 경영이라고 했습니다.

오늘날 교회가 꼭 챙겨야 할 기본은 무엇입니까? 성도들의 삶에서 최우선시 해야 할 것이 무엇입니까? 그것은 다른 것이 아니라 바로 예배입니다. 올바른 예배의 회복이야말로 화급히 해결해야 할 최대의 과제입니다. 어떤 핑계도 필요 없습니다.

소위 '성수주일'이란 말은 근간에 심지어 설교자의 메시지와 대표 기도자의 기도 속에서도 들어 볼 수 없는 지경에까지 이르렀습니다. 꼭 율법주의적으로 주일을 지키자는 것은 아닙니다. 교회에 따라서는 하루에 예배를 3부, 4부까지 드리게 되면서부터 아이러니컬하게도 예배의 귀중성이 오히려 흔들리고 있습니다.

저는 주일학교를 부친文在球牧師이 설립한 순천 동부교회로 다녔으며 주일 낮(대)예배와 저녁예배는 아주 어릴 때부터 아버지께서 시무하시는 가곡교회로 출석하였습니다. 가곡교회는 저의 집에서 십리(4km) 정도 떨어져 있었습니다. 주일 날이면 신작로를 따라서 아침과 저녁으로 오고가고를 반복했습니다. 어두운 밤이나 그것도 비바람이 치는 날이면 어린 나이에 예배당으로 가는 게 참으로 싫은 때도 있었습니다.

그래도 예배에 빠지면 죽는 줄로만 알고 출석도 부르지 않는 교회를 향하여 줄달음쳐 갔습니다. 지금 생각해 보니 바로 이 예배를 귀중히 여겼던 마음이 오늘날 저의 신앙의 뼈대를 이루었음을 새삼스럽게 실감하게 됩니다.

40-50년 전 예배당으로 갔던 길을 가만히 눈을 감고 뒤돌아보니 눈앞에 그날의 기억들이 하나씩 되살아 납니다.

시골 교회로 가는 길 I

늦은 봄 찔레가 돌담 사이에서

하아얀 얼굴로 미소짓는 모습은
꽃 향기보다 아름다웠습니다.

살구나무의 노오란 열매는
오고 가는 사람들의 온 마음을
눈물 나도록 상큼하게 했습니다.

신작로 좌우편에 간간이 서 있는
물오른 포플러 줄기를 꺾어
만든 피리는 그 소리가 그만이었습니다.

꼬불꼬불한 길을 한참이나 지나
돌로 쌓은 예배당 가까이 가면
시리도록 차가운 샘물이 맞아 주었습니다.

시골 교회로 가는 길 2

농림고를 지나 오리정 다리를 건너면서
지친 발걸음이 빨라지는 것은
대장간의 쇠망치 소리 때문이었습니다.

봄, 여름, 가을, 겨울철이 따로 없이
칼과 낫 그리고 호미를 만드는
대장장이의 솜씨는 요술이었습니다.

오일장을 파하고 집으로 돌아가는
소달구지의 끝자락에 엉덩이를 얹고
터덜거리면서 가는 기분은 참 좋았습니다.

달빛도 별빛도 찾아볼 수 없는
어두움 속을 더듬듯이 걸어갈 때는
으레 찬송으로 무서움을 쫓곤 했습니다.

"하나님께 가까이 함이 내게 복이라"(시 73:28)는 말씀을 2004년 우리 교회의 표어로 삼았습니다. 저는 우리 모든 성도들이 예배에 생명을 걸기를 바랍니다.

다시 부탁드립니다. 예배의 성공자가 되시길 주님의 이름으로 기도드립니다.

주후 2004년 1월 1일
궁산 아래에서
강일교회 문인현 목사

모든 영광을 우리 주님께

"나는 앞으로 얼마나 더 살 수 있을까?" 이와 같은 물음에 대한 대답을 가늠해 볼 수 있는 수치를 지난 2004년 12월 20일 통계청에서 발표했습니다. 그에 의하면 45세를 기준으로 남성은 75세까지, 여성은 81.9세까지 살 가능성이 크다고 합니다. 물론 이는 어디까지나 평균치로서 실제 수명은 개인의 건강 상태에 따라 얼마든지 달라질 수 있습니다.

모든 신문과 매스컴은 통계청의 '2002년 생명표'를 발표하면서 장수하는 비결도 함께 소개했습니다. 예컨대 금연, 절주, 하루 30분 이상 아니면 일주일에 세 차례 운동하기, 그리고 스트레스를 멀리하고 규칙적인 생활 습관과 정기적인 건강검진을 받을 것을 권고했습니다. 건강이 귀중하다는 것은 아무리 강조해도 지나치지 않을 것입니다.

요사이 'Well-Being'이란 말만큼 자주 듣는 단어도 없을 것입니다. 주부들의 시장 바구니도 'Well-Being'으로 가득 채우고자 합니다. 'Well-Being'이란 말 그대로 '건강한 인생'을 살자는 뜻일 것입니다.

모세의 기도에 의하면 "우리의 연수가 칠십이요 강건하면 팔십이라도 그 연수의 자랑은 수고와 슬픔뿐이요 신속히 가니 우리가 날아가나이다"(시 90:10)라고 했습니다. 우리 한국인들이 70에서 80세 정도까지 장수하게 된 것은 참으로 감사할 일입니다. 이제는 신속히 날아가는 인생을 어떻게 살아야 할 것인지를 생각해야 할 단계가 되었습니다.

경찰대학교 이상업 학장은 '속도보다는 방향을', '성취보다는 의미를', '쾌락보다는 감동을' 학생들에게 강조한다고 합니다. 이는 사회에서 민중의 지팡이로 봉사할 경찰들뿐만 아니라 우리 젊은이들도 특별히 귀담아야 할 경구일 것입니다. 지난해 기독교 서적 중에 베스트셀러 제1위는 릭 워렌(Rick Warren)의 《목적이 이끄는 삶》(The Purpose Driven Life)이 차지했습니다. 릭 워렌 목사님은 "저는 기도합니다. 하나님, 이 책을 읽은 한국의 친구들이 왜 하나님이 그들을 이 땅에 보내 주셨는지 그 목적을 분명히 알고 그 목적을 확실하게 붙들고 삶으로 하나님을 영화롭게 하도록 복 주십시오. 아멘"이라는 말로써 그의 책의 한국어판 서문을 끝맺었습니다.

21세기에 들어서면서 사회의 변화 속도는 매우 심각합니다. 예컨대 고령화 시대, 여가 혁명의 시대, 세계화의 시대가 되어 가고 있습니다.

한국 교회와 우리 성도들이 정신을 바짝 차려야 할 것입니다. 이럴 때일수록 기본에 충실해야 합니다. 물결이 거세게 일어날수록 사공은 키를 굳게 잡는 것 아닙니까? 바울 사도는 "푯대를 향하여 그리스도 예수 안에서 하나님이 위에서 부르신 부름의 상을 위하여 달려가노라"(빌 3:14)고 했습니다. 또한 "값으로 산 것이 되었으니 그런즉 너희 몸으로 하나님께 영광을 돌리라"(고전 6:20)고 함으로써 우리 성도들이 지향해야 할 목표점과 삶의 목적이 무엇인지를 분명하게 밝혀 주고 있습니다.

밝아 오는 희망의 새해에는 우리 모두가 하나같이 "모든 영광을 우리 주님께"라는 기도로써 하루하루 승리하시길 기원합니다.

주후 2005년 1월 1일
궁산 아래에서
강일교회 문인현 목사

성경적 시각으로 살아갑시다

근간에 신문과 방송을 통해서 자주 듣게 되는 다소간 생소한 말들이 있습니다. 예컨대 한류, 유비쿼터스, 블루오션 등 알 것 같기도 하나 막상 설명하기는 딱히 쉽지 않은 신조어들입니다.

선교의 열풍을 기대합니다

한류韓流라는 것은 소위 트랜드(trend: 추세, 유행)의 한 형태일 것입니다. 배용준, 장동건, 보아와 비 같은 가수 그리고 〈대장금〉 같은 드라마에 대해 일본, 중국, 동남아시아의 젊은이들이 우리보다 사소한 뒷이야기까지도 속속들이 잘 알고 있다는 데 놀라기도 합니다.

한국세계선교협의회(KWMA)의 보도에 따르면 한국 교회가 세계에 파송한 선교사들은 12,159명이라고 합니다. 이는 미국 다음으로 한국 교회가 세계 제2위의 선교사 파송 국가라는 것을 보여 줍니다.

단순히 선교 사역을 한류에 비교할 것은 아니지만 아쉬운 점이 있는 것만은 사실입니다. 한류의 열풍보다 더 놀라운 선교의 열풍이 성령의 역사를 통하여 일어나기를 기대합니다.

기도가 막히지 말아야 합니다

'유비쿼터스'(Ubiquitous)란 말은 물이나 공기처럼 시간과 공간을 초월해 '언제, 어디서나 존재한다'는 라틴어에서 나온 말입니다. 지난해 12월 1일 한국에서는 D.M.B(Digital Multimedia Broadcasting) 방송이 시작되었습니다. 이구동성으로 이제는 유비쿼터스 시대가 개막되었다고 합니다.

사실 시간과 공간을 초월한다는 것은 인간의 영역이 아니라 신의 영역입니다. 우리 성도들은 이미 유비쿼터스의 시대에 살고 있습니다. 무슨 의미입니까? 언제, 어디서라도 기도로 우리 하나님 아버지와 소통하고 그분의 도우심을 받고 있습니다.

이름을 알 만한 중견 목사님께서 미국 교포 교회의 집회를 인도하는 중에 식사를 하다가 그만 기도氣道가 막혀서 사고로 돌아가셨다고 합니다. 문제는 우리 성도들이 기도祈禱의 귀중성과 그 능력을 알지 못하고 히스기야 왕처럼 피 맺힌 기도를 하지 않는다는 것입니다.

성도는 십자가의 길로 행진해야 합니다

《블루오션 전략》(*Blue Ocean Strategy*, 김위찬, 르네 마보안 공저)은 이미 세계적인 베스트셀러가 되었습니다. 알려지기는 삼성전자 그리고 청와대의 주요 간부들이 애독하는 책이라는 소문이 났습니다. 책의 내용을 여기서 다 설명드릴 수는 없습니다. 다만 쉬운 말로 제 나름대로 이해한 바를 간단히 두 가지로 말씀드리고자 합니다.

첫째는 가치혁신 전략의 하나의 예를 든다면 틈새 시장을 노리는 것입니다.

둘째는 넓은 길로 가지 말고 좁고 험한 길이라도 그 길이 살 길이면 그 길을 선택하는 것입니다. 이는 주님께서 말씀하신 산상보훈 중 좁은 문(마 7:13, 14)을 생각나게 하는 대목입니다.

신앙교육을 앞세우는 거창고등학교가 학생들에게 가르친 직업 선택의 10계명 중 두 가지만 소개하겠습니다.

- 모든 조건이 잘 갖추어진 곳은 피하고 처음부터 시작할 황무지를 택한다.
- 한가운데가 아니라 가장자리로 간다.

이 같은 말씀은 바로 '블루오션'의 전략들과 서로 맥락을 같이한다고 생각됩니다.

롯과 그의 아내처럼 '레드오션'(Red Ocean)을 선택해서는 안 됩니다.

1960년대만 해도 너나 할 것 없이 많은 젊은이들이 함석헌 선생의 《뜻으로 본 한국 역사》를 읽었습니다. 우리 성도들은 무슨 일이나 어떠한 상황에서라도 항상 성경적 관점을 가지고 대처해야 합니다. 바로 이와 같은 성경적 신앙인에게는 새해에도 하나님의 인도하심과 축복이 임하게 될 것입니다.

주후 2006년 1월 1일
궁산 아래에서
강일교회 문인현 목사

성령의 단비를 주옵소서
-AGAIN 2007 평양 대부흥

정치·사회적으로 금년은 차기 대통령을 뽑은 대선의 해입니다. 원하든 원하지 않든 한 해가 뜨거울 것 같습니다. 먼저 국민일보 편집인 백화종의 '단비를 내리게 할 지도자는'(2007. 1. 1)이라는 글의 일부를 소개하고자 합니다.

지난 연말 교수신문이 교수들의 의견을 모아 올해의 사자성어로 '밀운불우密雲不雨'를 선정했습니다. 이는 《주역》에서 나온 말로 '구름은 잔뜩 끼었으나 기다리는 비는 내리지 않음'을 뜻합니다.

대선 경쟁에서 선두를 달리는 이명박 전 서울시장은 올해의 사자성어로 '한천작우旱天作雨'를 내걸었습니다. 이는 《맹자》에서 나온 말로, '심한 가뭄으로 잎이 타고 싹이 마르는 상황에서 백성들의 간절한 바람에 따라 비가 내린다'는 뜻이라고 합니다.

역시 대선 유력 주자인 고건 전 총리는 '운행우시運行雨施'를 내놓았습니다. 이는 《주역》에서 나온 말로 '구름이 움직여 시원하게 비를 뿌린다'는 뜻이라고 합니다.

이밖에 열린우리당은 '무심운집無心雲集'으로, 이는 '각각 마음을 비우고 구름을 모은다'는 것이며, 민주당 역시 '굴정취수掘井取水'라 하여 '우물을 파 물을 얻는다'는 자연 원리를 내놓았습니다.

어디에서 사자성어를 퍼왔다고 해도 이 여러 가지 말들을 한데 모아 보면 결국 그 뜻이 하나로 묶어지는 것을 알 수 있습니다. 비가 내리지 않아서 안타깝다. 제발 시원한 비가 내렸으면 좋겠다는 백성들의 마음을 대권을 바라보는 정치 지도자들도 감지하고 있다는 것이 아니겠습니까?

과거 중국의 역사를 읽어 보면 치수治水가 정치의 가장 큰 과제였습니다. 오늘날도 별로 달라진 것은 없을 것입니다. 왜 비가 오지 않은 것입니까?

성경에는 아합 왕 시대에 3년 6개월 동안 극심한 가뭄이 들었습니다. 결국 엘리야 선지자가 갈멜산에서 바알 선지자 450인과 기도의 대결을 하여 하늘로부터 여호와의 불이 내려와 번제물과 나무 그리고 제단을 태웠습니다. 그리고 여호와께 비를 달라고 일곱 번씩이나 간절히 기도함으로 사람의 손만한 작은 구름이 일어나더니 흡족한 비가 내렸습니다(왕상 18장).

2007년은 1907년 평양 대부흥이 일어난지 꼭 100년이 되는 해입니다. 한국 교회는 'AGAIN 1907'을 소리 높여 외치고 있습니다. 평양 대부흥 100주년 행사 일정은 1월부터 연말까지 꽉 짜여 있습니다. 단순한 행사나 사람만 모이는 축제가 되어서는 안 될 것입니다. 철저한 회개와 성령의 불이, 그리고 고대하는 단비가 이 땅에 임하기를 엎드려 간구해야 합니다. 평양 대부흥이 일어날 때는 선교사로부터 시작하여 한국 교회 지도자들과 성도들에게도 회개의 운동이 불길처럼 일어났습니다. 2007년 한국 교회의 부흥의 불씨는 어디에서 얻어야 하겠습니까?

미국 시사 주간 〈타임〉(TIME)지는 2006년 '올해의 인물'로 'YOU', 즉 '당신'을 선정했다고 밝혔습니다. 2007년 한국 교회의 부흥의 역사적 주인공은 누구이겠습니까? 회개할 자는 바로 당신입니다. 옳습니다. 당신과 저는 문제 해결의 중심에 서 있습니다.

주후 2007년 1월 1일
궁산 아래에서
강일교회 문인현 목사

반 고흐의 모작

 빈센트 반 고흐(Vincent van Gogh, 1853~1890)를 직접 만날 수는 없습니다. 그러나 그가 남긴 작품을 통해서 그와 교제를 할 수는 있습니다. 그의 작품을 제대로 감상하려면 축구 감독 거스 히딩크(Guus Hiddink)의 나라인 네덜란드로 가야 할 것입니다. 1983년 빌리 그레이엄 전도 대회에 참석하기 위해서 암스테르담에 갔습니다. 유럽은 초행길이기도 하려니와 단체여행인지라 개인적으로 무엇이 보고 싶다고 해서 어느 미술관을 꼭 들러야 한다는 것은 용납되지 않았습니다. 그때는 반 고흐의 작품을 만날 기회가 없었습니다. 지금도 여행이라는 것이 달리는 말 위에서 산천을 구경한다고 하는 옛말처럼 소위 주마간산走馬看山 식으로 이루어지고 있습니다.

 지난 성탄절 전날 오후 '불멸의 화가 반 고흐' 전이 열린 서울 시립미술관에 갔습니다. 저는 반 고흐에 대해서 별로 아는 바도 없을 뿐 아니라 남다르게 음악이나 미술에 대한 관심이 있는 것도 아니었습니다. 다만 그의 이름과 그의 강렬한 그림에 대한 조그마한 기억이 어느 한 구석에 있는 정도였습니다.

미술관에 가서 보니 그가 브라반트 지방의 준데르트에서 목회하던 데오도루스 반 고흐(1822~1885) 목사님과 사모님(안나코르넬리아 반 고흐 카르벤투스) 사이에서 6남매 중 장남으로 태어났다는 것을 사진과 함께 확인할 수 있었습니다.

고흐는 그의 나이 25세 때 신학대학교에 낙방하고 나서 신학 공부를 포기했으나 브뤼셀의 라켄으로 가 그곳에서 전도사가 되기 위해 교육을 받았습니다. 그에게는 주신 소명에 따라 벨기에의 어느 한 탄광촌에 들어가 가난한 광부들에게 복음을 전파하는 짧은 목회 사역이 있었다는 사실을 전에는 알지 못했습니다.

이제까지는 단순히 한 사람의 화가로만 알았던 그가 한때 부목사로 바스메스에서 사역을 했다고 하니 이전과는 다르게 생각되었습니다. 저는 《명화로 만나는 성경은 새롭다》(이석우 지음)에서 고흐의 작품 중 이미 〈선한 사마리아인〉이라는 그림을 만난 적이 있었기에 살다 보면 기회가 있겠지 했습니다.

이 작품은 그가 정신적인 파탄을 겪고 난 후 생래미 요양원에 있는 동안(1890년 5월)에 그린 것이었습니다. 그런데 다시 한번 놀란 것은 이 그림은 원래 드라크루아(Delacroix)의 작품을 동일한 제목으로 고흐가 그린 모작模作이라는 사실이었습니다. 전시회에 걸린 〈피에타〉를 비롯한 여러 작품들이 남의 그림을 보고 그린 모사였습니다.

    음악뿐 아니라 미술에서도 정말 대가라고 하는 이들도 경우에 따라서는 이처럼 남의 작품을 모작할 수도 있구나 하는 사실이 처음에는 선뜻 받아들여지지 않았습니다.

    미술관을 나오면서 남들은 이미 알고 있는 것을 이제서야 깨달았다는 것에 안타까운 마음이 들긴 했으나 그래도 뒤늦게나마 깨달았으니 다행스러운 일이었습니다. 언젠가 다시 볼지도 모르는 반 고흐의 도록圖錄이 내 손에 들려져 있었습니다.

    "내가 그리스도를 본받는 자 된 것같이 너희는 나를 본받는 자가 되라"(고전 11:1).

주후 2008년 1월 1일
궁산 아래에서
강일교회 문인현 목사

믿음은 삶입니다

"겉과 속이 다르다"는 말이 있습니다. 이런 사람을 만나면 세상 말로 죽을 맛일 것입니다. 이는 남의 이야기가 아닙니다. 오늘날 한국 교회에 대해 세상 사람들이 이와 비슷한 생각을 가지고 있지 않을까 생각해 보았습니다. 정말 낯부끄럽습니다.

이전에는 교회 다닌다고 하면 주변의 친척들과 친구들이 약간은 관심을 보여 주었습니다. 그런데 오늘날은 분위가 싹 바뀌었습니다. 관심이 아니라 비판 내지는 비난의 수준에까지 이르렀습니다. 이는 교회와 성도들이 미워서라기보다는 그들이 소망하는 모습을 보여 주지 못하기 때문이 아니겠습니까?

"Jesus Yes, Church No"(예수님은 좋은데, 교회는 싫다)라는 글을 여러 책과 기사에서 읽었던 기억이 납니다. 그런데 똑같은 상황이 이 땅에서 지금 벌어지고 있습니다. "행함이 없는 믿음은 그 자체가 죽은 것이라"(약 2:17)는 말씀에 비추어 본다면 우리들의 신앙이 죽었다는 것이 아닙니까? 이는 심한 말이 아닙니다.

한국 교회는 1907년 평양 대부흥운동에서 볼 수 있었던 참된 회개와 성령의 역사가 다시 한번 일어나야 합니다. 우선 교회 지도자인 교역자들부터 주님 앞에 무릎을 꿇어야 합니다. 진정한 회개가 없이 축복이나 긍정적인 믿음만을 앞세우는 헛된 메시지는 도리어 성도들에게 독이 될 뿐입니다. 이는 결단코 과장된 표현이거나 단순한 기우가 아닙니다. 이제는 외모를 치장하기보다 참된 신앙을 사모하는 교회와 성도들이 되어야 합니다.

'한국교회희망연대'의 세미나에서 어떤 목사님이 이런 말씀을 하셨습니다. "교회에서 관리집사로 일하시는 분이 그 교회에서 일을 그만둔 뒤에 그가 봉사했던 교회에 다시 출석한다면 바로 그 교회와 그 교회 목사님은 성공하신 분이다." 옳습니다. 그 말씀을 들으면서 그만 나도 몰래 고개가 끄떡여졌습니다.

신앙이란 별것이 아닙니다. 꽃이 향기를 날리듯 성도들의 삶에서 이처럼 향기를 발해야 합니다.

금년에 우리 성도들이 어떻게 살아야 할 것인지를 네 가지로 생각해 보았습니다.

첫째, 핸드폰(Handphone)으로 통화를 주고받듯이 수시로 기도합시다.

둘째, 이메일(E-mail)을 열어 보듯이 성경을 날마다 읽읍시다.

셋째, 학교(School)에 가듯이 정기적으로 예배에 출석합시다.

넷째, 은행(Bank)에 저축하듯이 꼭 전도(선교)에 동참합시다.

어떻게 보면 젊은이들의 정서에나 어울릴 것 같은 실천 목표인 것으로 넘길 수 있습니다. 그렇지만 곰곰이 생각해 보면 이 모든 것들은 우리 성도들이 마땅히 감당해야 할 몫입니다. 기도하기, 성경읽기, 예배드리기 그리고 전도하는 일은 우리 성도들의 기본적인 삶입니다. 물론 이는 우리 인간의 힘으로만 가능한 것이 아닙니다. 그렇지만 한번 결심합시다. 용기를 내어 결단합시다. 하나님께서 놀라운 은혜를 주실 줄 믿습니다. 우리 주님께서 정말 기뻐하실 줄 믿습니다. 우리 성령님께서 힘 주시면 능히 이루실 줄 믿습니다.

금년 한해에도 주의 크신 평강이 우리 모든 성도들에게 함께하시기를 기도드립니다.

주후 2009년 1월 1일
궁산 아래에서
강일교회 문인현 목사

슬퍼하는 자는 복이 있나니

수년 전 늦은 5월 북방 선교 사역을 위해 연길과 도문을 중심으로 문서 선교와 북한 동포를 돕는 라이프 선교 사역(Life Mission International)에 동참한 적이 있습니다. 그때 식량과 의류를 연길교회 여성도들이 남양 해관(세관)을 통해 북한 땅으로 보냈습니다.

우리 일행은 서쪽으로 두만강을 따라 올라가다가 계산툰에서 점심을 먹고 그곳에 있는 다리로 갔습니다. 강 건너 육안으로 보이는 곳에서는 한 식구인 듯한 북한 주민 8명 정도가 중국 이편을 향해 친척들의 이름을 부르는 소리를 들을 수 있었습니다. 이쪽에서는 망원경을 통해서 자신들의 친척과 가족들을 확인하는 십여 명의 조선족들이 있었습니다. 나도 몰래 눈물이 핑 돌았습니다.

저는 너무 힘이 들어 그만 돌아가자고 했습니다. K선교사는 기왕에 여기까지 왔으니 북한의 삼봉시가를 보지 않겠느냐고 했습니다.

그래서 약 20분 정도 산 위로 올라가니 두만강 건너편에 삼봉시가 가지런히 놓여 있었습니다. 생각밖에 깨끗한 도시였습니다. 강 건너편 마을에서 닭 울음소리가 들리는 정도의 거리였습니다.

그런데 웬일인지 오고가는 사람이 보이지 않았으며, 뛰어 노는 어린아이들 역시 전혀 보이지 않아서 마치 피난간 도시처럼 적막하기 이를 데 없었습니다. 물론 강변으로는 50미터 간격으로 벙커들이 줄지어 있었고 국경 수비병들이 수시로 순찰을 도는 모습이 보였습니다.

사진을 몇 장 찍고 있는데 저만치에서 기차가 삼봉시로 들어오고 있었습니다. 가만히 보니 기차의 지붕 위에까지 사람들이 타고 있었습니다. 한국전쟁 당시의 기록 사진에서나 보던 일이 눈앞에서 생생하게 재현되는 느낌이었습니다. 정말 객차의 창문에는 유리가 한 장도 남아 있지 않았습니다.

근래에는 북한의 전력 사정이 좋지 않기 때문에 일주일에 한두 번 정도밖에 다니지 않는다는 기차를 보았으니 우리 일행은 여간해서 만날 수 없는 볼거리를 보았지만, 저는 도리어 진기하다기보다 마음이 답답하기만 했습니다.

잠시 후 삼봉역을 향하여 반대편 선로로 화물 기차가 들어왔습니다. 이 기차 역시 화물칸에는 피난민 같은 사람들이 가득 타고 있었습니다.

어디로 가겠다는 것인지, 양식이 있는 곳을 찾아 가는 것 같았으나 저는 너무나도 마음이 무거워서 그만 풀 위에 눕고 말았습니다.

한참이나 눈을 감고 있다가 살며시 눈을 떠 5월의 하늘을 바라보았습니다. "여기가 서울의 하늘인가?, 아니면 꿈에도 그리던 북한 땅인가?" 동행하던 김갑선 목사에게 물었습니다.

"김 목사! 내 옆에 누워 보지. 삼봉시를 바라보지 말게나. 하늘이나 실컷 보고 가세."

얼마쯤 지나고 나서야 윤동주 선생의 팔복八福이라는 시詩가 생각났습니다.

> 슬퍼하는 자는 복이 있나니
> 슬퍼하는 자는 복이 있나니
> 슬퍼하는 자는 복이 있나니
>
> 슬퍼하는 자는 복이 있나니
> 슬퍼하는 자는 복이 있나니
> 슬퍼하는 자는 복이 있나니
>
> 슬퍼하는 자는 복이 있나니
> 슬퍼하는 자는 복이 있나니
> 슬퍼하는 자는 복이 있나니
> 저희가 영원히 슬플 것이요

6월에서 10월까지만 입산이 허용되는 백두산을 용케도 다음날(5

월 29일) 오를 수 있는 기회가 있었습니다. 꽁꽁 얼어붙은 천지와 저 멀리 흰 눈으로 덮인 북한 땅의 백두봉을 바라보니 등정의 기쁨보다는 더 큰 슬픔이 가슴을 내리눌렀습니다.

    나도 몰래 백두산에서 작은 돌멩이 두 개를 주워서 주머니에 넣었습니다. 눈과 얼음 그리고 추위에 얼마나 시달렸는지 단단하지도 않은 노란 돌이라 볼품은 없었으나 제 슬픔을 달래 줄 것만 같아서 내복으로 똘똘 말아 가방 깊숙이 넣었습니다. 그나마 나눌 수 있는 기쁨이 있었기에 다행이었습니다.

두 가지 진단 질문

〈사람 낚는 어부〉 2008년 5월호의 권두언에 실린 글입니다.

제임스 케네디(James Kennedy) 목사가 하나님 앞에 서게 되었습니다. 하나님께서 그에게 물으셨습니다.

"그래, 네가 바로 제임스냐?"

"예, 제가 제임스 케네디입니다."

"그동안 참 수고 많이 했다." 그리고 하나님은 계속해서 말씀하셨습니다.

"제임스야, 내 옆자리로 가까이 올라오너라."

그때 제임스 목사는 "하나님 아버지, 제가 먼저 말씀드릴 것이 있습니다"라고 했습니다.

"그래, 무엇인지 말해 보거라."

"다름이 아니오라 주님께서는 '두 가지 진단 질문'을 꼭 하실 것이라고 저는 평생토록 가르쳤습니다. 그런데 왜 이 질문을 하시지 않는 것입니까?"

이에 하나님께서는 "그래, 됐다. 그동안 나에게 오는 자 중 상당수에게는 이미 두 가지 질문을 하였다"고 하셨습니다.

전도 폭발 훈련을 받은 자들은 '두 가지 진단 질문'이 무엇인지 이미 알고 있습니다. 그러나 혹시라도 이 질문을 잘 모르는 분들을 위해서 그 내용을 소개하고자 합니다.

1. (당신)은 (당신)의 신앙생활에서 오늘이라도 이 세상을 떠난다면 천국(영생)에 들어갈 것을 확신하고 계십니까?
2. 만일 (당신)이 오늘 이 세상을 떠나 하나님 앞에 가 섰는데 그가 (당신)에게 "내가 너를 나의 천국(영생)에 들어오게 해야 할 이유가 무엇이겠느냐?"고 물으신다면 어떻게 대답하시겠습니까?

아무래도 이는 참으로 도전적인 질문입니다.

1970년 초 《현대전도》라는 책자를 통해서 제임스 케네디 목사님과 전도 폭발 사역을 알게 되었습니다. 그리고 윤남중 목사(국제전도폭발 한국본부 초대 이사장)의 권유로 1981년 여름 텍사스의 캐롤튼시 제일연합 감리교회에서 열린 클리닉(EE III Clinic)에 참여했습니다. 그 후 국제 전도 폭발 한국 본부 이사로 지금까지 섬기고 있습니다.

여러분의 경우는 어떠했습니까? 저는 전도 폭발 임상 훈련을 미국에서 그리고 남서울교회에서 또 한 차례 받았습니다. 두 차례 임상 훈련을 받으면서 외울 것이 너무 많다는 것이 부담이 되었습니다. 그러나 이보다 더욱 크게 갈등을 일으키는 것은 소위 '두 가지 진단 질문'이 영 마음에 내키지 않는다는 것이었습니다.

멀쩡한 사람에게 다가가서 "당신이 이 세상을 떠난다면……", 이렇게 말문을 열어 가지고서야 어느 누가 예수를 구주로 영접하겠는가? 적어도 한국의 문화와 정서와는 전혀 맞지 않는다고 생각했습니다.

이는 비단 저뿐만 아니라 상당수의 한국의 이사 목사님들이 이의를 제기한 것으로 우리는 이 문제를 가지고 국제 본부 임원들과 함께 고민했습니다. 그런데 이제 와서 생각해 보니 전도 폭발 사역의 핵심이 바로 이 '두 가지 진단 질문'에 있음을 뒤늦게 깨닫게 되었습니다.

금년으로 한국 전도 폭발 임상 훈련 200회와 창립 25주년 기념대회를 눈앞에 두게 되었습니다. 저는 제임스 케네디 목사님의 장례식(2007. 9. 5 소천)에 참석하지는 못했습니다. 그러나 제임스 목사님께서는 이미 하늘의 영광을 누리고 계십니다. 우리 모든 성도들은 이 놀라운 영광을 바라볼 수 있는(행 7:56) 믿음의 눈을 주신 하나님께 다시 한번 감사할 뿐입니다.

전도 폭발의 두 개의 낚시 바늘(두 가지 진단 질문)이 새겨진 배지를 보면 볼수록 귀하게 느껴지는 것은 비단 저만의 감정은 아닐 것입니다.

행복하여라, 긍휼의 사람이여

〈빛은 원동에〉(2007년 12월 제7호)에 실린 글입니다.

　연해주 사역은 그 시작이 좋았습니다. 연해주의 허허벌판에 고아처럼 버려진 고려인들을 남서울 은혜교회의 성도들이 찾아가 그들의 눈물을 닦아 주는 일을 소리 없이 감당했습니다. 이는 선한 사마리아인의 말씀을 생각나게 했습니다. 물론 "나그네와 고아 그리고 과부를 돌보아 주어야 한다"(신 24:19)는 말씀을 익히 알고 있다 해도 막상 이 같은 일에 발 벗고 나서는 자들은 흔치 않습니다. 우리는 고난 받는 이들의 울음소리에 얼마나 민감하게 반응하고 있습니까? 이제 한국 교회와 성도들은 바로 이 문제에 대해서 좀더 심각하게 생각해 봐야 할 때입니다.

　원동 사역은 물 흐르듯이 가고 있습니다. 연해주 사역은 원동 문화 개발 기구라는 조직으로 발전되었습니다. 이는 애벌레가 나비로 변화되는 과정과 같다고 할 수 있습니다. 원동 문화는 제법 새로운 모습을 갖추게 되었습니다. 문화 선교는 세계 선교의 주목받는 패러다임(paradigm)입니다.

원동 문화 개발 기구는 매우 균형 잡인 사역을 감당하고 있다고 생각됩니다. 그 사역의 방향과 범위는 문화, 교육, 농업, 의료, 그리고 구령 사역에 적절한 비중으로 힘을 쏟고 있습니다. 또한 사역의 대상에 있어서도 고려인들만을 위한 것이 아니라 러시아인들을 포함한 여러 민족들에게도 동일한 관심을 보여 주고 있습니다.

감사할 것은 모든 사역들이 소위 팀사역으로서 이루어지고 있다는 것입니다. 교역자와 평신도 그리고 국내에서 파송한 자들뿐만 아니라 해외의 디아스포라(Diaspora) 일꾼들이 힘을 모아 일하고 있는 모습이 너무나 아름답습니다. 이미 고려인들과 현지 러시아인들이 이 사역에 적극적으로 동참하고 있습니다.

민족의 통일이라는 큰 과제를 앞둔 마당에 연해주라는 장소와 그 사역의 시점을 생각한다면 연해주 사역이야말로 정말 최선의 결정이었다고 할 것입니다.

앞으로 우리는 무엇을 해야 하겠습니까? 좋은 일꾼들이 더욱 많이 필요합니다. 혹간 욕심을 부리거나 자만하지 않도록 겸손한 마음으로 하나님의 지혜를 간구해야 할 것입니다

지난 추석에 미하일로프카를 방문했습니다. 농업 사역을 하고 있는 김동학 선교사가 중앙아시아에서 교사생활을 하다가 다시금 연해주로 쫓겨와 농사일을 힘써 돕고 있는 밀라 아줌마를 소개할 때였습니다. 김 선교사의 음성은 어딘가 떨렸고 그의 눈엔 이슬 같은 눈

물이 아침 햇살에 반짝였습니다. 참으로 마음이 든든했습니다.

이 일을 시작하신 분은 우리 하나님이십니다. "남을 불쌍히 여기는 사람들은 행복하다"(마 5:7). 이는 원동 사역자들과 이를 위해 기도하는 모든 이들에게 주신 주님의 약속입니다.

목사와 설교

마틴 로이드 존스(David Martyn Lloyd-Jones) 목사가 쓴 책 중에 《목사와 설교》(*Preaching and Preacher*)가 있습니다. 이 책은 이제 젊은 신학도들뿐만 아니라 모든 설교자들에게 필독의 고전이 되었습니다.

설교자에게 소망이 있다면 설교를 잘하는 것 말고 또 무엇이 있겠습니까? 설교는 생각처럼 쉬운 것이 아님을 모든 설교자가 뼈속 깊이 체험하고 있습니다.

한국 교회 목회자들의 경우 거의 날마다 설교를 하는 형편이다 보니 설교 잘하는 비법이 어디 없을까 하는 생각을 하게 마련입니다. 그런데 찾아보면 그 방법이 있습니다 (마 7:7-11).

제 나름대로 생각해 본 설교를 잘하는 방법 세 가지를 간단히 소개해 보고자 합니다.

첫째, 얼짱 이론이 있습니다

근간에 젊은이들과 신문지상에서 많이 사용하는 '얼짱'이란 말은 '얼굴이 짱이다'라는 말의 준말입니다. 어떤 사람이 설교를 잘하는 목사님이었을까 생각해 보니 바로 얼짱 목사님이었다는 것을 알 수 있었습니다.

저는 1983년 암스테르담(Amsterdam)의 복음 전도자 대회 기간 중에 매리어트 호텔(Marriott Hotel) 엘리베이터 안에서 뜻하지 않게 금세기 최고의 설교자인 빌리 그레이엄(Billy Graham) 목사님을 만나 뵌 일이 있습니다. 그분은 키가 얼마나 크던지 마치 농구 선수 같아서 올려다보아야 할 정도였습니다. 목사님은 평소 사진에서 보는 것보다 실물이 훨씬 훤칠했습니다. 한국 교계에서도 설교 잘하는 목사님의 이름을 여기에서 구체적으로 밝히지는 않겠지만 생각해 보면 거의 탤런트 못지 않은 몇몇 분들의 얼굴이 이내 떠오릅니다. 물론 모든 법에는 예외가 있듯이 전혀 얼짱이 아닌 명설교자도 있습니다.

그런데 이제까지의 이야기만 들으면 오해를 일으킬 수도 있습니다. 분명히 여기서 짚고 넘어가야 할 것이 있습니다. 그것은 단순히 외모만 갖추자는 것이 아닙니다. 설교자는 외모나 말보다 그의 삶이 뒷받침되어야 합니다. 이 때문에 경건한 신앙 인격을 소유하는 것이야말로 설교자의 최대 소망이기도 합니다. 이것만 해결되면 얼짱 설교자가 전혀 부럽지 않습니다.

둘째, 청중의 이론이 있습니다

한번은 신학 박사님들이 많이 출석하고 있는 교회의 친구 목사님에게 기라성 같은 신구약 교수들을 앞에 두고 어떻게 설교가 그렇게 술술 나오느냐고 물었습니다. 대답은 간단했습니다.

"나야 외경外經에서 설교하니까 별 문제가 없지." 물론 이 대답은 농담입니다.

사실 설교자가 회중을 만만하게 보면 그 설교 역시 변변치 못할 것입니다. 그러나 설교자가 청중의 시선이 만만치 않다는 것을 알고 있다면 마치 전쟁에 나가는 사람 이상으로 모든 면에서 준비를 위해 온 힘을 쏟을 것입니다. 더욱이 신앙과 덕에 있어서 출중한 분들이 앞자리에 한두 분 정도 자리 잡고 있다면, 설교자는 정말 산모가 아이를 출산하듯이 큰 산통 후에 한 편의 설교를 만들어 낼 것입니다.

다시 생각해 봅시다. 성령님께서 예배에 임재해 계시다는 것을 진정으로 인식한다면 설교자가 어떤 반응을 나타낼 것 같습니까? 아마도 어떤 분은 떨려서 제대로 설교를 할 수 없을 것입니다. 설교자 앞에는 회중만이 아니라 우리 하나님께서 함께하신다는 사실을 깊이 아는 순간 설교자는 참 설교자가 될 것입니다.

셋째, 오직 성경입니다

1990년 4월 15일 저녁 부활절 축하 음악예배를 드리는 중에 누전으로 말미암아 사택이 전소燒燒되는 화재 사건이 발생했습니다. 다행히 인명 피해가 없어서 그나마 감사할 뿐이었습니다. 당시 입고 있던 양복과 구두, 손에 든 성경과 찬송가 외에는 모든 것이 불타 버렸습니다.

신학교에 다닐 때 어렵사리 모아 온 책 역시 한 순간에 재가 되었습니다. 그 다음 주일 설교 준비는 막막하리라 생각했으나 도리어 매우 간단했습니다. 성경을 읽고 또 읽다가 설교 한 편을 마련했습니다. 홀가분한 마음으로 주일 설교를 마쳤습니다. 분위기가 그래서인지는 모르겠으나 성도들의 반응이 예전과는 사뭇 달랐습니다.

사실 이런 식으로 설교를 만들어 가다가 설교를 좀더 잘해 볼 요량으로 설교학에 관한 책자를 한 권 한 권 구입하다 보니 20여 권이 넘어섰습니다. 그런데 웬일입니까? 설교의 맛과 향기는 점차 시들해지기 시작한 것을 설교자인 저 자신이 느낄 수 있었습니다.

설교자에게도 유혹이 있게 마련입니다. 설교자는 설교꾼이 되길 원합니다. 설교자는 설교로 승부를 걸길 원합니다. 설교자는 설교가 만능인 줄 착각하는 경우가 있습니다. 그러다 보니 설교의 중심이 흔들릴 때가 있습니다. 간혹 설교가 준비되지 않거나 혹 청중의 반응이 시원치 않으면 이런저런 생각들을 합니다. 바로 이때가 중요합니다. 돌아가야 합니다. 다른 길은 없습니다. 설교자가 별 양념 없이 순수하게 복음만을 전할 때 설교가 힘있게 살아나는 것입니다.

설교자는 오로지 성경으로 승부를 걸어야 합니다.

하루 일곱 번씩 왕께 찬양합시다

1,779명의 사람과 779마리의 마필이 행진하는 모습 속에서 저는 왕의 모습을 보지 못했습니다. 그렇지만 저의 눈길을 사로잡은 그림들이 거기에 있었습니다. 그것은 청룡, 백호, 현무, 주작 등 깃발을 든 군인들이나 화려한 의상을 입은 장군이나 신하들의 모습이 아니라 나팔, 바라, 호적, 북, 정, 솔발, 해금 등을 연주하는 악대의 행렬이었습니다.

더욱이 51명의 악대가 말을 타고 대각, 나팔, 북, 점자, 자바라, 호적, 해금, 적(피리), 관, 장고, 나각, 정 등 10여 종의 악기를 연주하며 왕의 뒤를 따르는 모습 속에서 저는 타악기, 현악기, 관악기의 힘찬 연주를 듣는 듯한 착각에 빠졌습니다.

이 정도면 아마 "그래, 청계천 2가에 설치된 '정조대왕 능행 반차도'의 그림을 말하는구나" 하고 알아차렸을 것입니다. 청계천에 물

길이 열리면서 수많은 사람들이 도심의 청계천을 찾고 있습니다. 그러나 사람마다 느끼는 감흥과 평가가 다를 것입니다.

제22대 정조 대왕(1752-1800 재위)의 아버지(사도 세자)에 대한 효심에 감동하는 사람도 있을 것입니다. 또한 어떤 분은 186미터에 달하는 타일 벽화의 예술성에 감명을 받을 수도 있습니다. 청계천의 물길 속에서 저는 다음과 같은 시편의 말씀이 마음에 떠올랐습니다.

"호흡이 있는 자마다 여호와를 찬양할지어다"(시 150:6).
"내가 하루 일곱 번씩 주를 찬양하나이다"(시 119:164).

다윗 왕과 이스라엘 백성들은 만왕의 왕 되신 주님을 마음과 영혼으로 높이 찬양했습니다. 우리 성도들 역시 온갖 악기들을 동원하여 주께 새 노래(계 14:3)로써 찬양해야 합니다. 우리 하나님은 찬양을 기뻐하십니다. 찬양 가운데 임재하시는 주님을 오늘도 내일도 영원히 노래합시다.

한국 교회 사랑

2009년 12월 24일 초판 발행

지은이 | 문인현
펴낸이 | 임만호
펴낸곳 | 크리스챤서적

등록 | 제10-22호(1979.9.13.)
주소 | 135-867 서울 강남구 삼성2동 38-13
전화 | 02)544-3468~9
FAX | 02)511-3920
E-mail | holybooks@naver.com

Printed in Korea
ISBN 978-89-478-0261-1   03230

정가 8,000원

* 잘못된 책은 교환하여 드립니다.